W0314345

Tribulations d'un précaire

Du même auteur
chez le même éditeur

Un petit boulot, 2003
(rééd. « Piccolo », 2004)

Une canaille et demie, 2006
(rééd. « Piccolo », 2007)

Iain Levison

Tribulations d'un précaire

récit

Traduit de l'américain
par Fanchita Gonzalez Batlle

Liana Levi

Titre original : *A Working Stiff's Manifesto*

© 2002 by Iain Levison
© 2007, Éditions Liana Levi, pour la traduction française

www.lianalevi.fr

À Marion

DEVENIR ASSOCIÉ

C'est dimanche matin et j'épluche les offres d'emploi. J'y trouve deux catégories de boulots: ceux pour lesquels je ne suis pas qualifié, et ceux dont je ne veux pas. J'étudie les deux.

Il y a des pages et des pages de la première catégorie, des postes que je n'obtiendrai jamais. Expérience de six ans exigée dans tel et tel domaine, parler couramment le chinois, pouvoir piloter un jet face à une défense antiaérienne, et avoir SIX ANS d'expérience en chirurgie cardiaque. Salaire de départ trente-deux mille dollars. Faxez votre C.V. à Beverly.

Je me demande qui est Beverly et ce qu'elle sait de plus que moi. Pour commencer, elle sait qu'elle reçoit un salaire. Je suis sûr qu'elle n'a aucune des compétences exigées pour le poste, sinon elle l'occuperait au lieu de répondre au téléphone. Si je connaissais personnellement Beverly, est-ce que je pourrais décrocher un boulot quelconque dans l'entreprise où elle travaille? C'est pour ça qu'on n'indique pas son nom de famille? Pour décourager les casse-pieds éventuels tels que moi de la harceler dans un bar? de découvrir des détails sur sa vie privée et de tomber sur elle dans le métro après quatre heures d'attente pour l'inviter ensuite à prendre un verre et lui demander en passant, après une nuit torride, s'il y a un poste à pourvoir dans son entreprise? Je vais jusqu'au bout de la colonne et j'en apprends de plus en plus sur les compétences que je n'ai pas, sur la formation que je n'obtiendrai jamais, sur des emplois à pourvoir dans des domaines dont j'ignorais jusqu'à l'existence.

Pourtant, la section des boulots pour lesquels je ne suis pas qualifié contient parfois un trésor caché. Les mots FORMATION ASSURÉE déclenchent toujours une salivation pavlovienne chez tout fumiste patenté. S'ils doivent me former, qu'est-ce que ça change, dans quoi je travaillais avant? «PROGRAMMEUR D'ORDINATEURS, FORMATION ASSURÉE». Je sais ce qu'est un ordinateur. C'est une de ces télés reliées par un fil à une machine à écrire. S'ils veulent m'apprendre à le programmer, je veux bien. Je continue à lire. En fait, c'est une pub pour une école d'informatique où on vous apprend tout sur les ordinateurs pour deux mille cinq cents dollars, et où on vous offre ensuite un travail de traitement de données, connu aussi sous le nom de dactylo, pour neuf dollars de l'heure.

Je continue à chercher.

Aujourd'hui, toutes les FORMATIONS ASSURÉES sont pour des boulots dont je ne veux pas. «DÉMÉNAGEURS, salaire de départ 8 $/heure. FORMATION ASSURÉE. Heures supplémentaires garanties.» Cette annonce appartient à la seconde catégorie. Déménager des meubles, ça n'est pas si mal. C'est dur, mais ça a ses avantages, l'un d'eux étant que vous n'avez jamais besoin de faire de l'exercice parce qu'en fin de journée vos muscles sont bousillés. Huit dollars de l'heure, c'est peu pour New York. Après impôts, ça en laisse à peu près six. Tout de même, je peux faire avec. Le problème, ce sont les heures supplémentaires garanties. Ils manquent manifestement de personnel et ils essaient de me convaincre qu'ils me feront une fleur en me gardant quatorze heures par jour. Ils penseront que si j'ai répondu à cette annonce je vais être ravi de me pointer les dimanches et les jours fériés. Ils pavoiseront: «C'est parce que vous vouliez faire des heures supplémentaires que vous avez répondu à l'annonce, non ? » Je passe à la suite.

« RECRUTONS POISSONNIERS, salaire de départ 12 $/heure. » Voilà une combinaison des deux catégories de boulot – un dont je ne veux pas et que je ne sais pas faire – dans le même paquet-cadeau. J'ai travaillé deux ans dans une pêcherie en Alaska, je sais donc une ou deux choses sur le poisson, mais je ne sais ni ne veux le découper. Je peux parler de poisson avec à peu près n'importe qui. Je peux réussir au bluff un entretien d'embauche sans aucun problème, et ils m'auront déjà engagé avant de s'apercevoir que je ne sais pas découper le poisson. Ils devront alors m'apprendre ou me virer, et me virer reviendrait à admettre qu'ils ont fait une erreur ; j'aurai donc une formation. Douze dollars de l'heure. Je suis prêt. Ça me paiera mon loyer.

Il y a une astuce imparable quand vous posez votre candidature à un poste pour lequel vous n'êtes pas qualifié. L'essentiel c'est de savoir quelque chose, même si ce n'est qu'un tout petit truc à balancer pendant l'entretien. Vous pouvez en général apprendre ces détails en écoutant des gens ennuyeux. J'ai passé une fois cinq heures dans un train pour la Floride à écouter le type assis à côté de moi dégoiser sur les affres de la peinture en bâtiment, et deux jours plus tard je peignais des maisons à Miami après avoir enthousiasmé celui qui me faisait passer l'entretien en lui récitant mot pour mot le discours que je venais d'entendre. Alors, avec le poisson, je suis prêt. Quelques anecdotes sur la pêche au saumon en Alaska, et ça marchera.

Autre chose. Les gens qui vous interviewent cherchent pour la plupart à s'entendre parler. Dans l'entretien habituel, j'ai de la chance si j'arrive à en placer une. Les embaucheurs ont un public captif qui attend quelque chose d'eux, ils peuvent donc bavasser, sans être interrompus, à propos de leur restaurant, de leurs affaires, de leur vie, de ce qu'ils pensent du Président, ou de ce qui leur passe par la tête. Qui osera les contredire ? C'est le parfait forum du dictateur. « Non, monsieur, en fait, je trouve que le Président fait de l'excellent travail », et ma candidature sera réduite en confettis dès que je serai sorti. Il m'est arrivé d'attendre patiemment pendant que certains me parlaient de leur femme, de leur carrière, de leur handicap au golf, et même de leur première expérience sexuelle. Et ils ont rarement posé une question sur moi.

Je descends à la poissonnerie et nous parlons poisson. J'apprends que c'est une poissonnerie haut de gamme qui répond aux besoins éclectiques des ménagères des beaux quartiers de New York. Le directeur, John, cherche quelqu'un avec un « bon esprit », et une « bonne présentation ». Un lèche-cul avec une coupe de cheveux bien dégagée sur les oreilles. Tout le monde cherche la même chose, toutes les entreprises, que ce soit IBM ou le service de dépannage auto d'à côté. Il se trouve que j'ai une bonne coupe, et que je suis d'une politesse implacable, du moins pendant les cinq premières minutes après avoir rencontré quelqu'un. Il me dit de revenir demain pour une orientation, en pantalon kaki et chemise bleue. Il ne me pose aucune question sur la découpe du poisson.

J'ai un boulot. C'est reparti.

Au cours des dix dernières années, j'ai eu quarante-deux emplois dans six États différents. J'en ai laissé tomber trente, on m'a viré de neuf, quant aux trois autres, ç'a été un peu confus. C'est parfois difficile de dire exactement ce qui s'est passé, vous savez seulement qu'il vaut mieux ne pas vous représenter le lendemain.

Sans m'en rendre compte, je suis devenu un travailleur itinérant, une version moderne du Tom Joad des *Raisins de la colère.* À deux différences près. Si vous demandiez à Tom Joad de quoi il vivait, il vous répondait: «Je suis ouvrier agricole.» Moi, je n'en sais rien. L'autre différence, c'est que Tom Joad n'avait pas fichu quarante mille dollars en l'air pour obtenir une licence de lettres.

Plus je voyage et plus je cherche du travail, plus je me rends compte que je ne suis pas seul. Il y a des milliers de travailleurs itinérants en circulation, dont beaucoup en costume cravate, beaucoup dans la construction, beaucoup qui servent ou cuisinent dans vos restaurants préférés. Ils ont été licenciés par des entreprises qui leur avaient promis une vie entière de sécurité et qui ont changé d'avis, ils sont sortis de l'université armés d'une tapette à mouches de quarante mille dollars, se sont vu refuser vingt emplois à la suite, et ont abandonné. Ils pensaient: *Je vais prendre ce boulot temporaire de barman / gardien de parking / livreur de pizza jusqu'à ce que quelque chose de mieux se présente,* mais ce quelque chose n'arrive jamais, et c'est tous les jours une corvée de se traîner au travail en attendant une paie qui suffit à peine pour survivre. Alors vous guettez anxieusement un craquement dans votre genou, ce qui représente cinq mille dollars de frais médicaux, ou un bruit dans votre moteur (deux mille dollars de réparations), et vous savez que tout est fini, vous avez perdu. Pas question de nouveau crédit pour une voiture, d'assurance-maladie, de prêt hypothécaire. Impensable d'avoir une femme et des enfants. Il s'agit de survivre. Encore y a-t-il de la grandeur dans la survie, et cette vie manque de grandeur. En fait, il s'agit seulement de s'en tirer.

Ça n'est pas ce qui était prévu. J'avais un projet autrefois, mais avec le temps je l'ai oublié. Il comprenait une maison, une jolie femme, une bonne voiture, un bout de jardin clôturé, et plus tard un enfant ou deux. Ensuite je m'installais pour écrire le Grand Roman Américain. Il y avait un accord tacite entre moi et les Parques : puisque je vivais dans le pays le plus riche de l'histoire du monde et que j'étais plutôt travailleur, toutes ces choses devaient finir par arriver. Ma première dose de réalité, je l'ai prise à l'armée. Je me souviens qu'un recruteur est venu chez moi et m'a promis une formation dans le secteur de mon choix offrant des débouchés professionnels – à l'époque c'était l'électronique. Il m'a approuvé avec enthousiasme et m'a décrit toute l'électronique que l'armée utilisait. Ils allaient me former à fond, m'avait-il dit.

C'était la première fois que je faisais l'expérience directe de la fumisterie pratiquée par un artiste chevronné. Ils m'ont formé à fond, pour ça oui. Ils m'ont surtout entraîné à me servir d'un fusil et à interroger des prisonniers russes et allemands de l'Est. Compétences que recherchent très peu d'entreprises d'électronique. Mais parler russe et allemand est certainement un avantage, n'est-ce pas ? En réalité, non. Pas si vos connaissances linguistiques concernent les tanks et les mouvements de troupes. Au-delà de « Où se trouve votre artillerie ? », phrase qui ne se présente pas souvent dans la conversation de tous les jours, je suis passablement perdu dans ces deux langues.

Puis il y a eu l'université. La sagesse populaire soutient que vous êtes incasable sans diplôme universitaire. Que vous le soyez souvent alors que vous en avez un est une notion que beaucoup de gens paient très cher pour acquérir. Une licence de lettres vous mène soit à un travail de secrétariat (taper vos disserts entraîne parfaitement vos doigts), soit à enseigner les lettres, ironie que la plupart des professeurs de lettres que je connais ne semblent pas saisir. C'est un domaine destiné à la reproduction de lui-même et, bien entendu, à fournir aux vedettes du sport qui se préparent à la NBA ou la NFL des cours qui leur permettent de « poursuivre » des études universitaires.

C'est comme ça que j'en suis arrivé là. Pas de femme, pas de bonne voiture, pas de bout de jardin. J'ai suivi les règles, fait mon temps, et me voilà revenu au point de départ – un poil au-dessus du seuil de pauvreté, sans aucun espoir en vue. Au lieu d'une maison et d'une jolie femme, j'ai un petit studio à New York et, pour des raisons financières, je dois le partager avec un colocataire à côté duquel n'importe quel membre de confrérie étudiante de première année passerait pour une fée du logis.

Mais avant de commencer mon nouveau boulot, j'ai promis à Corey, mon colocataire, de travailler une journée pour lui. Corey est plus ou moins dans la même galère que moi, sauf qu'il a été assez malin pour abandonner l'université dès qu'il en a été dégoûté, autrement dit au bout de six semaines. Aussi, quand les services des prêts aux étudiants appellent, c'est en général pour moi.

Au terme de sa brève expérience universitaire, Corey est venu à New York travailler dans le cinéma, il se voyait s'envoler sur l'échelle éclatante du succès et devenir réalisateur. Il a en effet réalisé un petit film, une production indépendante, et cette expérience l'a tellement vidé qu'il lui reste à peine assez d'énergie ou d'enthousiasme pour faire des travaux de menuiserie sur les tournages des autres. « La merde que c'est, tu le croirais pas », me dit-il. Je suis convaincu que j'en croirais chaque mot. Il m'explique : il ne consacrait pas le plus clair de son temps et de son énergie aux angles de prise de vue ou au scénario, mais à essayer d'éviter que les flics enlèvent sa voiture chaque fois qu'il s'installait à un coin de rue pour filmer une scène. À faire la queue pour obtenir des autorisations, à payer des tickets de parking et à donner de l'argent à des SDF pour que d'autres SDF ne bondissent pas devant la caméra. C'est ça, la réalité du cinéma.

Il s'est à peu près remis de cette expérience et il est assistant sur un autre petit film qui se tourne à Tribeca, il a besoin de copains pour servir de larbins. Pour avoir l'occasion de voir tourner un vrai film, j'offre mes services.

Il est parti sur le lieu du tournage à quatre heures du matin, et je prends le métro vers neuf heures pour le rejoindre. Pendant le trajet, je commets l'erreur de lire le scénario que Corey a oublié dans sa précipitation et m'a demandé de lui apporter. Épouvantable. Pas le platement mauvais, mais pas non plus mauvais du genre Ed Wood, ce qui l'aurait au moins rendu intéressant. Ce scénario est un paquet de conneries. On dirait qu'il a été écrit par quelqu'un qui a beaucoup regardé la télévision dans son enfance et qui, au lieu d'intégrer la réalité dans son imagination d'adulte, n'a retenu que les clichés de la télévision des années soixante-dix. Les scènes dramatiques sont tirées de *Mannix* et les scènes sentimentales de *La Croisière s'amuse.* Je n'arrive pas à comprendre comment cette bouillie a réussi à atteindre le stade du tournage.

J'arrive sur les lieux et je me rends compte que personne ne veut connaître mon opinion sur le scénario parce qu'il est déjà plus de neuf heures et qu'on doit avoir terminé avant la tombée de la nuit. Corey n'a pu faire bloquer la rue que pour une journée, et rien ne se passe parce que l'ingénieur du son a toutes sortes de pépins techniques.

Corey, d'ordinaire poli et calme, s'affaire et engueule les gens. Je ne l'avais encore jamais vu dans cet état. Il vient vers moi et m'ordonne : « Emporte ça là-haut. »

Il m'indique une pile d'objets lourds à l'air compliqué et électronique.

J'en soulève un et l'ingénieur du son hurle: « QU'EST-CE QUE TU FOUS?

– Il m'a dit de...

– LAISSE MON BAZAR TRANQUILLE, BORDEL! »

Du calme, l'ami. Je réponds gentiment: « OK. » Je repose en douceur le précieux objet et je reste planté là. L'ingénieur du son retourne à ses occupations et Corey, qui a provoqué la scène, est parti « organiser » ailleurs.

Ces gens-là prennent plaisir à se hurler dessus. J'apprends bientôt que des scènes comme celles-là sont une constante dans le métier. Durant les quelques minutes qui suivent, je vois un autre ingénieur du son engueuler son assistant, un cascadeur prêt à agresser deux passants, et le réalisateur accabler de sarcasmes une jolie fille qui tient un bloc. Personne ici n'a le moindre savoir-vivre, la moindre notion de politesse. Ce sont des artistes. Ils n'ont aucune responsabilité vis-à-vis du monde extérieur puisque leur travail consiste à le critiquer. Comment pourraient-ils remplir leur inestimable mission de rendre compte de la société s'ils courbaient l'échine sous ses règles aliénantes?

L'ingénieur du son s'approche de moi et me met une perche dans les mains. « Emporte ça là-haut », dit-il sans me regarder.

Normalement, je lui aurais déjà fichu mon poing dans la figure, mais je suis là pour aider Corey et je ne veux pas provoquer un nouveau retard sur son tournage en blessant quelqu'un qui s'y connaît. Je monte la perche. En haut, les deux « stars », dont un type que je reconnais pour l'avoir vu dans une sitcom des années quatre-vingt, sont en train de répéter leur dialogue. Mon intrusion les a visiblement dérangés mais ils ne disent rien. Je dépose la perche et je repars.

« Hé, dit le type de la sitcom, apportez-moi du café.
– Pour moi aussi », dit la fille.

Je réponds : « Mais certainement. » Je n'ai aucune intention de leur apporter quoi que ce soit parce qu'ils n'ont pas ajouté « s'il vous plaît », mais en arrivant en bas ma responsabilité est dégagée car l'ingénieur du son me donne un kilomètre de câble à démêler. Je m'assois et je démêle du câble pendant un bout de temps, puis tous se mettent dans une excitation folle et crient : « Silence ! Silence ! » Nous allons vraiment commencer à tourner. Tout le monde se tait. L'actrice principale ouvre la porte, entre et referme la porte.

« Coupez ! » crie le réalisateur.

C'est tout. Le résultat de quatre heures de préparatifs consiste à regarder cette fille ouvrir et fermer une porte. Elle le fait encore six fois pour que la prise soit bonne. Il semblerait qu'il y ait à Hollywood une bonne et une mauvaise façon d'ouvrir et de fermer une porte. Ça doit s'apprendre à l'école d'art dramatique.

Quand l'excitation est retombée, le type du son me dit : « Hé, toi, viens ici. » Je me borne à le regarder. J'ai lu le scénario, ces gens-là perdent leur temps. C'est un film de merde qui pourrait s'estimer heureux de finir dans le bac à soldes d'un magasin vidéo des Philippines. Si nous tournions un chef-d'œuvre susceptible de révolutionner le monde du cinéma, j'accourrais peut-être, mais mon implication dans ce projet est en train de faiblir. Je sais que l'ingénieur du son est probablement arrivé ici il y a plusieurs années en rêvant de travailler sur un tel film, et que ceci est sa dose de réalité. Il a la chance d'avoir du travail, de jouer avec ses micros et ses kilomètres de câble et d'être payé pour ça. C'est sa Grande Compromission. J'ai fait la mienne, et elle n'inclut pas qu'on me parle sur ce ton.

Corey, le type de l'éclairage, les acteurs, ils ont tous renoncé. Cette connerie de film est pour eux ce qu'est pour moi postuler à un emploi dans une poissonnerie. Mais ici il existe une loi non écrite qui dit que vous ne pouvez pas admettre que vous avez renoncé. Une règle très stricte. Règle Numéro Un: quoi que vous fassiez, n'arrêtez jamais de vous raconter que vous êtes important. La Règle Numéro Un permet à beaucoup de rester sains d'esprit.

J'en ai marre. Je passe devant l'ingénieur du son, je vais au café au bout de la rue, je me paie un café, rien qu'à moi, et je reste avec les autres clients pour regarder la production de loin.

Sur le chemin du retour j'appelle mon ex-copine pour lui dire que ça ne vaut pas la peine de venir découvrir le monde merveilleux du cinéma. Je l'avais invitée sur le tournage dans l'espoir qu'un aperçu de réalisation de film la fascine assez pour qu'elle reconsidère sa décision récente d'aller voir ailleurs. Mon incapacité à conserver un boulot merdique tout en travaillant sur le Grand Roman Américain mettait notre relation à rude épreuve. Je rentrais le soir de mon travail de serveur ou de déménageur trop fatigué pour écrire, et mon absence de production littéraire l'avait convaincue que mon rêve d'écrivain n'avait été qu'un procédé pour la draguer.

Elle m'avait dit un jour: «Van Gogh peignait même quand il était fauché. On peut faire des choses quand on est fauché.»

Van Gogh a tout fichu en l'air. Les gens sensés souhaitant faire une carrière artistique veulent vivre à peu près décemment pendant qu'ils se consacrent aux grands sujets. Mais ça manque d'allure. Or, tout est une question d'image. La plupart de ceux qui ne peuvent pas citer deux tableaux de Van Gogh savent que c'était un cinglé qui mourait de faim. Il restait dans son coin, produisait sans relâche pendant que son garde-manger se vidait, et on a fini par le mettre dehors. Voilà un artiste. Il s'est coupé une oreille et l'a envoyée à une femme. Ça, c'est de la passion. En réalité, c'est de la schizophrénie. J'avais espéré ne pas prendre modèle sur un schizophrène qui s'automutile et meurt dans l'oubli, mais tout argument de ma part n'était que justification de mon manque d'implication dans mon métier.

J'apprends qu'elle ne serait pas venue de toute façon. Elle est allée déjeuner avec un type du bureau.

Le Marché, où je suis maintenant employé au rayon poissonnerie, est un magasin d'alimentation qui essaie de combiner charme rustique et prix non-rustiques. Boulangerie, plats cuisinés, comptoir à expresso, et même boutique de fleurs. On y trouve tout, à condition de n'avoir besoin que de grande cuisine hors de prix, de café italien et de fleurs.

La nouvelle tendance dans le commerce consiste à compliquer les choses et à leur donner un nom simple. «Le Marché» évoque des images de paysans vantant leurs produits dans une halle, au milieu de poulets caquetant, de barbes de maïs et autres épluchures de légumes jonchant le sol recouvert de sciure. Rien ne saurait être plus loin de la réalité. *Le Marché* a été conçu avec le plus grand soin, chaque détail est le fruit d'une savante étude de marketing. Les toilettes sont situées derrière le rayon boucherie afin de décourager les usagers (qui voudrait voir des boyaux d'animaux?) et les articles que les gens pourraient attraper et emporter en vitesse, tels que le lait et le pain, sont placés tout au fond du magasin. Ainsi, le client doit passer devant les autres produits en humant les effluves du pain frais et du cappuccino saupoudré de cannelle.

Ainsi que je l'avais soupçonné à l'entretien d'embauche, les apparences sont décisives. Le premier jour, la directrice, Zoe, vient me dire bonjour dans la salle de repos où j'examine la paperasse censée tout m'expliquer. Elle m'adresse un rapide sourire professionnel et me serre la main en approuvant d'un hochement de tête mon pantalon kaki. «Très bien», susurre-t-elle. Puis elle jette un regard consterné sur ma chemise bleue.

«C'est une oxford?

– Quoi donc?

– Votre chemise. C'est une oxford?

– Je ne sais pas. C'en est une?

– Il vous faut une oxford.

– Entendu.»

Elle approuve de nouveau mon pantalon. «Très bien. Mais il vous faut une oxford.»

Je donne mon accord sur la question de l'oxford avec un grand sourire, et elle s'éloigne, certaine que la prochaine fois qu'elle me verra je porterai la chemise qu'il faut. C'est une de ses obligations de s'assurer que tout le monde porte une oxford. J'ai remarqué à la longue que des employeurs doués de bon sens n'ont souvent aucune souplesse et aucun sens de l'humour quand il s'agit d'uniformes. On leur enseigne peut-être en cours de gestion à l'université que l'uniforme représente l'entreprise, qu'il doit être porté avec fierté, qu'un employé sale ou négligé est la première effilochure dans le tissu d'une bonne organisation. Mais je n'en suis pas sûr. Humilier les gens à propos de leur apparence est sans doute pour les employeurs un moyen facile et commode d'affirmer leur pouvoir.

Réfléchissez. Dans quelle autre situation une personne peut-elle raisonnablement dire à une autre: «Vous avez l'air d'une merde»? À l'armée, j'ai vu un jour un homme forcé de faire des pompes parce qu'il avait négligé quelques millimètres carrés de peau en se rasant, ça faisait partie des brimades de l'entraînement. Nous nous y attendions et nous les avons eues. Le monde du travail n'est pas mieux, sauf que les observations sont tournées un peu différemment et s'accompagnent d'un sourire hautain et d'une poignée de main. Bien entendu, parfois, bien que rarement, les commentaires sur l'uniforme sont nécessaires. Quand j'étais secouriste à Philadelphie, je travaillais avec un type qui avait la tête de quelqu'un qui dormait toutes les nuits dans sa voiture, et qui en avait aussi l'odeur.

Mais aujourd'hui ma chemise bleue aux pointes de col boutonnées – pas une oxford – était impeccablement repassée et je sentais aussi bon qu'une pluie d'été. Ce que Zoe ne comprend pas c'est que la prochaine fois qu'elle me verra je porterai cette même chemise, et la fois d'après aussi. Ça n'est pas dirigé contre elle, c'est tout simplement que je ne peux pas m'offrir de nouvelle chemise avant d'être payé, que je ne le serai pas avant une semaine, voire deux, et que je n'ai pas d'autre chemise bleue. Je doute d'être viré pour cette raison, bien qu'il soit plus vraisemblable que je me fasse virer à cause de ça plutôt que de mon inaptitude complète à faire le travail pour lequel on m'a engagé.

Pour le pantalon kaki, j'ai eu de la chance. J'en avais un bon, il vaut dans les cinquante dollars, et maintenant il va se faire éclabousser de tripes de poisson.

Zoe est partie. Je reste dans la salle du personnel et je lis la propagande de l'entreprise où je viens d'entrer. J'apprends que *Le Marché* possède des succursales partout où il y a des gens avec de l'argent à gaspiller. Partout où des gens roulent cinq cents mètres du portail de leur propriété à leur porte d'entrée en voiture de sport, nous sommes présents. Il y a des succursales à Beverly Hills, Long Island (quelque chose comme cinq magasins), Grosse Pointe à Detroit, la Main Line à Philadelphie, etc. Le quartier général de l'entreprise se trouve dans le Maryland. Toutes les plaintes pour harcèlement sexuel et conflits personnels doivent être adressées au bureau du Maryland, et une liste de numéros de téléphone est fournie à cet effet. Je la jette au panier. On peut tout dire de moi, sauf que je suis un cafteur. En outre, je n'ai connu que deux personnes qui aient appelé un numéro d'urgence pour se plaindre de harcèlement sexuel, et elles ont été virées toutes les deux comme éléments perturbateurs.

Je feuillette ensuite une brochure de seize pages intitulée *Devenir associé*, et à la page 3 je comprends enfin qu'associé signifie employé. Massacrer la langue est devenu monnaie courante dans le monde de l'entreprise, et les gens qui travaillent aux postes les moins qualifiés du *Marché* ont tous un titre. On m'encourage à parler à mes amis de belles perspectives de carrière d'adjoint au chef cuisinier (émincer les légumes ou faire la plonge, selon les besoins), ou d'associé à l'enregistrement des ventes (caissier), ou d'associé à la maintenance sanitaire (balayeur). Un prospectus m'annonce que je recevrai cinquante dollars pour chaque personne que je ferai entrer dans l'entreprise. Près d'une page en tout petits caractères décrit les conditions requises avant que le chèque me soit remis. Le nouvel employé doit rester quatre-vingt-dix jours, je dois être encore employé moi-même dans l'entreprise après ses quatre-vingt-dix jours, il doit être très bien noté, le chèque doit être demandé au quartier général du Maryland, etc. Les avocats savent que la plupart des gens préféreraient renoncer à tous leurs droits plutôt que de lire des pages en petits caractères, et ceux qui ont inventé ce système de primes, comme on l'appelle, l'ont probablement fait dans le même esprit. Nous sommes une majorité à préférer dire adieu à cinquante dollars plutôt que de nous taper davantage de jargon. Je tourne la page et je continue ma lecture.

Au bout de quatre-vingt-dix jours, j'aurai droit à l'assurance. C'est toujours ça. Que l'assurance coûte vingt-cinq dollars par semaine et qu'elle ne vous couvre en réalité que si vous êtes frappé par la foudre, seuls ceux qui ont eu la patience de lire le jargon en question le découvriront. Il existe aussi un programme d'intéressement aux bénéfices, grâce auquel les associés reçoivent tous les ans pour Noël une prime en actions nominales, à condition d'être employés depuis un an au moins. Le nombre d'actions augmente chaque année qu'un employé passe dans l'entreprise. Promettre des gains futurs considérables est courant dans des entreprises où le personnel se renouvelle rapidement: la direction sait que si jamais elle devait distribuer une partie de la richesse promise, ce serait une somme minime. Pour les employés qui restent peu de temps, les avantages immédiatement utiles, tels que repas gratuits et pauses payées, n'existent jamais.

John, le responsable du rayon poissonnerie, entre dans la salle de repos pour voir comment je me débrouille avec la paperasse. «Terminé?»

J'ai à peine commencé. Il y a encore près de cinquante pages en petits caractères rien que dans le manuel de présentation. Je viens d'entreprendre le chapitre sur la façon dont tout peut se terminer, intitulé «Fautes de l'associé et cessation d'emploi». J'apprends qu'apporter une arme ou de la drogue sur mon lieu de travail me vaudra d'être viré, même chose pour un vol ou «tout autre délit». Mentir fait partie des motifs de licenciement. Je ne suis manifestement pas autorisé à mentir à d'autres associés, ce qui me prive d'un de mes passe-temps favoris. Il y a assez de généralités là-dedans pour qu'ils puissent me virer si je ne leur plais pas. Certes, il y a un numéro d'urgence à appeler si je pense que c'est ce qui s'est passé, mais si je téléphone je serai sans doute pris dans une conspiration paperassière tellement interminable qu'il vaudra mieux chercher carrément un autre boulot.

Je dis à John: « Ça fait beaucoup à lire. Ça risque de me prendre un bout de temps.

– Remplis seulement le formulaire des impôts et balance le reste », répond-il. Il corrige vite: « Ou emporte-le chez toi. » Il regarde sa montre. « Il faut y aller. On doit décharger le camion. »

Décharger le camion. Je comprends maintenant comment j'ai réussi l'entretien aussi facilement. Je fais plus d'un mètre quatre-vingt et j'ai l'air de pouvoir soulever des poids considérables.

Je sors du camion réfrigéré des caisses de trente kilos et je me dis que ce n'est peut-être pas pour ma coupe de cheveux ni pour mon charme que j'ai été engagé. John m'a jaugé comme un seigneur féodal à la recherche d'un nouveau serf, il a vérifié mon potentiel de travail. Pendant que je décharge le camion, John me raconte que depuis l'adolescence il a travaillé dur, dans la viande et dans le poisson. Il est un peu plus âgé que moi. À vingt et un ans, il a acheté la boucherie-poissonnerie de l'homme qui lui avait appris le métier, et il l'a dirigée jusqu'à l'année dernière, quand il est venu travailler au *Marché*. Il reste vague sur ce qui est arrivé à son magasin et sur les raisons qui lui ont fait préférer travailler ici. Il dit qu'il a une personnalité de type A, un drogué du travail qui ne peut pas s'arrêter. Il me le dit les mains dans les poches en me surveillant, il regarde à peine les caisses de polystyrène pleines de glace et de poisson dont il est censé vérifier la qualité. Il s'intéresse davantage au temps qu'il fait, à ses souvenirs et aux femmes moulées dans leurs vêtements que nous voyons franchir l'entrée principale du magasin. Ce n'est que ma première journée avec lui, mais il semble s'être accommodé de son obsession du travail.

Nous retournons à l'intérieur et John me présente au sous-directeur, un Italien, Ippolito. Ippolito décide de l'emploi du temps du rayon poissonnerie. Trois personnes seulement y travaillent, et je suis la troisième, ce qui explique mon engagement rapide et sans test. Je croyais qu'ils cherchaient un lèche-cul avec une coupe de cheveux correcte, mais en fait il leur fallait simplement quelqu'un, n'importe qui. Ces deux chefs avaient besoin d'un Indien à tout prix. Je deviens plus confiant dans mon statut.

Pendant que je range les caisses dans la chambre froide, j'entends des bribes de conversation entre Ippolito et John. Je comprends qu'Ippolito demande une augmentation, John bredouille. Je ferme la porte pour qu'ils ne pensent pas que je les épie. J'ai déjà assisté à ce genre de scène et je sais comment elle va se terminer.

Quand le poisson est soigneusement rangé dans la chambre froide, je ressors, Ippolito est seul, en train de lever des filets de carrelet. J'observe ses mains en essayant d'apprendre en silence quelques tuyaux sur la préparation du poisson. Pas de doute, il a déjà fait ça. Ses mains agiles détachent la chair des arêtes de chaque poisson en quelques coups de couteau adroits. En relevant la tête, je m'aperçois que ses joues sont rouges de colère.

« Tu te fais combien ? » me demande-t-il sans cesser de travailler. Il a un fort accent italien, mais il parle bien l'anglais. « Ils te paient combien ? »

Aucun moyen de tourner autour du pot. C'est une question directe, et je me dis qu'il est le chef, il a le droit de savoir. « Douze dollars de l'heure.

– L'enfoiré. Cet enfoiré. »

Je hoche la tête avec sympathie.

« Tu prépares bien le poisson ? Tu es meilleur que moi ?

– Euh, non.

– Mais tu as déjà préparé le poisson, pas vrai ?

– Bien sûr. » Dans le pire des cas, je peux toujours invoquer un coup sur la tête ou un syndrome du canal carpien pour expliquer la perte soudaine de mes capacités.

« Tu prépares bien le carrelet ?

– Le carrelet... pour moi ç'a toujours été un problème.

– Parce qu'il est plat, c'est ça ? Les poissons plats, c'est difficile. » Ippolito sourit à présent, content de notre fraternité dans la préparation du poisson, nous autres qui savons que les poissons plats sont difficiles. Il me tend un couteau. « Découpe-moi un carrelet. »

C'est le moment de me jeter à l'eau. J'ai vu Ippolito préparer au moins dix poissons et j'ai une excuse toute prête – les poissons plats, c'est difficile –, alors je fonce. Je sors un carrelet de la caisse, j'insère la lame sous la peau comme je l'ai vu faire dix fois, et elle heurte aussitôt une arête. Je tortille le couteau dans tous les sens mais je n'arrive pas à le libérer.

« Regarde, je vais te montrer. » Mon secret est découvert et on dirait qu'Ippolito s'y attendait. Il insère lentement la lame, fait quelques mouvements vifs et sépare la chair des arêtes. De la magie. Il me tend un autre carrelet, et de nouveau je bute sur une arête.

« Tu as déjà découpé du poisson ? me demande-t-il de nouveau.

– Bien sûr. En Alaska. Il y a longtemps.

– Le poisson d'Alaska, il est sans doute différent. » Sa voix est paternelle et bienveillante. J'ai soudain une révélation. Ippolito sait fichtrement bien que les poissons de l'Alaska et de l'Atlantique sont grosso modo les mêmes. J'en déduis qu'il n'est pas méchant. Il sait que je ne sais pas faire ce travail, mais j'imagine qu'ils l'ont tué à la tâche ces dernières semaines, en particulier s'il faisait équipe avec John le drogué du travail, et qu'il cherche seulement un peu de répit. Il est prêt à travailler avec moi rien que pour me garder ici. Après tout, je suis bien élevé et j'ai une coupe de cheveux correcte. Et si je me révèle être une vraie nullité il s'en fout, ce n'est pas lui qui m'a engagé, c'est John.

Je suis accepté.

Ippolito passe plusieurs heures à me montrer comment procéder et me raconte sa vie. Il prépare le poisson depuis son enfance, il a grandi dans un petit village de pêcheurs en Italie. Il est arrivé en Amérique il y a trois ans, a épousé une Américaine, et trouvé un emploi dans la poissonnerie ici, à Scarsdale, dans l'État de New York.

Ils ont engagé Ippolito à huit dollars de l'heure, probablement parce qu'il ne s'exprimait pas encore très bien en anglais. Quoiqu'il parle à présent presque couramment, son salaire n'a guère augmenté. Au bout de deux ans, il en gagne onze. Et ils m'ont engagé à douze.

Au lieu de lui accorder une augmentation, John a décidé alors de lui donner un titre, sous-directeur. Ses responsabilités consistent à établir l'emploi du temps d'une personne, moi. Son privilège directorial est essentiellement de me faire travailler quand lui ne le veut pas, mais il est limité parce qu'il est encore payé à l'heure. Il doit s'assurer un revenu décent et ne peut pas me faire faire des heures supplémentaires. *Le Marché* n'est pas prêt à me payer dix-huit dollars pour massacrer le poisson. En fait, il n'est pas prêt à me les payer pour quoi que ce soit, jamais.

Il paraît qu'ils ont une espèce de système informatique qui déclenche des voyants et des sonneries dans le bureau du personnel à l'instant ou quelqu'un fait une heure supplémentaire, et que les directeurs régionaux et autres rappliquent de leur terrain de golf en hurlant. Le grand privilège d'Ippolito est donc de me faire assurer le dimanche matin, qu'il fait depuis deux ans, pour pouvoir enfin aller à la messe avec sa femme.

Ippolito est un homme loyal, compétent et travailleur et je suis un instable incompétent qui gagne davantage que lui. *Le Marché* paiera volontiers des gardiens à surveiller les consoles de systèmes de sécurité hors de prix afin de s'assurer que nous ne volons pas de condiment pour salade à trois dollars, mais ne donnera pas à cet homme l'argent qu'il mérite, même s'il le demande poliment. Pour ces gens-là, c'est un jeu. Pour quel minimum pouvons-nous le faire travailler? Pauvre macaroni, il parle à peine anglais, chions-lui sur la tête, et de très haut. Eh! regardez! notre meilleur employé gagne moins que le nouveau que nous venons d'engager, nommons-le directeur. Et tout va bien. La femme d'Ippolito est enceinte; il ne risque pas de s'en aller! Je n'ai pas de femme, et personne d'autre ne veut mon boulot, alors j'obtiens tout ce que je veux.

Je respecte Ippolito parce qu'il sait qu'il se fait baiser, et je le respecte encore plus pour me l'avoir dit. Beaucoup d'autres dans sa situation me brimeraient parce que j'ai eu de la veine. Il pourrait se plaindre toute la journée à John de mon incompétence et essayer de me faire virer, mais qu'est-ce qu'il y gagnerait? De travailler de nouveau le dimanche matin. *Le Marché* finirait par engager quelqu'un d'autre, peut-être quelqu'un qui travaillerait aussi bien que lui, et il se sentirait alors menacé de perdre sa situation de chef. Moi, je suis un type gentil et accommodant, je fais ce qu'on me demande, je travaille le dimanche matin, et, surtout, je suis incompétent. Je ne suis une menace pour personne. Je conviens très bien.

Les jours suivants se déroulent paisiblement. Le deuxième jour, on me confie tout le rayon poissonnerie. Ippolito arrive à sept heures, prépare presque tout le poisson et part à quinze heures. *Le Marché* ferme à dix-neuf heures et il y a encore une heure de travail après, nous faisons donc chacun huit heures. Ce qui est bien, c'est que je ne passe que les trois premières heures de mon service avec un supérieur. Ensuite, je suis tout seul.

Comme la plupart des travailleurs itinérants modernes, j'ai été serveur assez longtemps pour savoir comment traiter les clients, et ma carrière s'annonce fulgurante. Zoe passe par là et me voit bavarder avec des clients réguliers, qui tiennent à lui dire que je suis formidable. Elle ne me fait même pas remarquer que je porte toujours la chemise qu'elle m'a demandé de changer lors de notre premier entretien. Au bout de neuf jours, je reçois mon premier chèque, plus de quatre cents dollars pour une semaine de quarante heures, et je me précipite pour acheter une chemise oxford. Je fais partie de l'équipe.

Mes clients réguliers s'attachent à moi. L'un d'eux m'apporte un stylo, un stylo de luxe, à encre, avec des motifs élégants. Il me dit qu'il possède l'entreprise qui les fabrique. Plus tard dans la journée, je vais au comptoir du café et je remarque que *Le Marché* vend ces stylos. Il doit les acheter à l'entreprise du client, ou bien le type m'a offert en cadeau un stylo du *Marché*. Je ne sais pas. C'est l'intention qui compte.

Quelques jours plus tard, dans la soirée, je vaque à mes occupations derrière mon comptoir. La journée a été longue, une de ces journées où on regarde souvent l'heure, et je mange une barre de chocolat en faisant l'inventaire. Zoe vient près de moi.

« Salut, dit-elle avec brusquerie. D'où vient cette barre de chocolat ?

– Je l'ai achetée. » J'ai lu avec soin les directives du *Marché* quant au fait de déjeuner, de prendre des pauses et de fumer, ce que la direction préférerait que vous ne fassiez pas, mais, si c'est inévitable, dix pages vous expliquent exactement comment vous y prendre. Je les connais toutes par cœur. Je suis une machine à fumer, à déjeuner et à faire des pauses, attendu que je suis coincé ici dans un magasin très peu animé, seul des heures d'affilée. Je sais que tout achat effectué dans le magasin par les employés pendant leur service doit être accompagné d'un reçu. « J'ai le reçu ici. »

Elle approuve sans le regarder. « D'où vient ce stylo ?

– Un client me l'a offert.

– Il vous l'a offert ? » Son regard se charge de suspicion.

« Il m'a dit qu'il possédait l'usine qui les fabrique.

– C'est un de nos stylos.

– Il me l'a offert.

– Vous avez un reçu ?

– Il ne m'en a pas donné. »

Elle me regarde comme si j'étais le pire menteur voleur de stylo qu'elle ait jamais vu, hausse les épaules et s'en va.

Ensuite, c'est la dégringolade. Le lendemain, nous avons une ruée inhabituelle de clients, sept ou huit à la fois au rayon poissonnerie. Tout est en ordre, je sers les gens aussi vite que je peux. Ils se sont mis en ligne et je m'occupe d'eux l'un après l'autre. Zoe s'approche.

« Servez cette dame », m'ordonne-t-elle en indiquant une femme d'âge mûr râleuse alors que j'emballe une commande pour la dame avant elle. Je suppose que Zoe va finir d'emballer sa commande, je la pose donc et m'adresse à la cliente suivante.

Je demande à la dame grincheuse : « Vous désirez ?

– Je voudrais un kilo de pavés de saumon.

– Hé », crie celle que j'étais en train de servir.

Je regarde autour de moi et m'aperçois que Zoe s'est éloignée, mais qu'elle continue à me surveiller. La commande non emballée de la dame est posée là où je l'ai laissée. Je vais pour l'emballer.

« Pourquoi avez-vous proposé de me servir avant de terminer avec elle ? hurle la grincheuse.

– Tout ce que je veux, c'est ma commande », clame avec une patience exagérée celle qui attend son paquet. D'autres dames en bout de file commencent à lever les yeux au ciel et à s'en aller.

Quand le calme revient, Zoe s'approche de moi. « Je pense que vous ne devriez pas rester seul ici. Vous ne pouvez pas vous en sortir sans aide. J'en parlerai à Ippolito. » Elle m'observe un instant. « C'est une oxford ? »

Je ne sais pas exactement ce que j'ai fait pour attirer son attention, mais elle est bien décidée à ne pas me lâcher. Elle s'en prend chaque jour à moi.

Une fois, au moment où je sors fumer, elle me dit : « Vous feriez mieux d'y retourner. Nous avons des clients qui arrivent. »

Ça fait cinq heures que j'y suis et j'ai vendu une tranche de poisson. J'ai déjà demandé à un des bouchers de surveiller mon rayon quelques minutes. Nous nous relayons. Quand je reviens, il sort.

Je réponds : « Rocker y est.

– Je préférerais que vous y soyez aussi. »

J'y retourne. Les fumeurs sont toujours la proie idéale. Rocker fume dans la chambre froide au milieu de la viande. J'ai encore juste assez de scrupules pour décider que ça n'est pas hygiénique. En plus, on gèle.

Rocker le boucher supporte Zoe depuis plus d'un an et plus rien ne lui importe. Il est boucher depuis toujours, son affaire a fait faillite récemment, et Zoe essaie de le faire virer depuis que John l'a engagé. Il ne dit pas assez «Passez une bonne journée» et ne porte jamais d'oxford.

Ce soir-là, Rocker et moi commençons à vider les rayons à dix-neuf heures cinquante. Zoe intervient et crie: «Vingt heures! On ferme à vingt heures! Remplissez de nouveau les bacs à glace!»

J'ai déjà vidé deux bacs de quarante-cinq litres et elle veut que je les remplisse de nouveau pour les dix dernières minutes de la journée. Ça signifie descendre à la machine à glace, une opération qui prend dix minutes. Quand j'aurai fini, il sera vingt heures.

Je hausse les épaules, je descends remplir les bacs, et je balance la glace dès que je reviens au rayon poissonnerie.

«Bien», dit Zoe.

«Ça ne fera qu'empirer», dit Rocker en prenant un filet de porc emballé, qu'il glisse dans son pantalon avec un clin d'œil à mon intention.

J'apprends ainsi à voler de la marchandise.

Je suis ici depuis assez longtemps pour savoir où se trouvent les caméras de surveillance et je mets au point un système. Une de mes attributions consiste à utiliser des restes pour préparer des échantillons gratuits de plats divers que je mets à la disposition des clients pour leur donner des idées sur les façons d'accommoder le poisson. Ce travail m'oblige à rôder dans le magasin et à prendre des ingrédients sur les étagères, des sauces et des marinades, et de les rapporter à l'arrière du rayon, loin des caméras, pour les utiliser dans la préparation des plats.

Je circule dans le magasin et j'attrape tout ce sur quoi je peux mettre la main. Sauce de soja, café en grains, yaourt, barres chocolatées, stylos, et je les entasse à la fin de chaque poste. J'embarque du ruban adhésif, des agrafes, et même des couteaux à poisson.

Je pique surtout du poisson. J'emballe de grosses tranches de bar du Chili dans trois épaisseurs de plastique et les fourre tous les soirs dans mon pantalon quand je me dirige vers la sortie. Règle Numéro Un, ne jamais rien mettre dans mon sac marin. La direction se réserve le droit de le fouiller à n'importe quel moment. Tout va dans le pantalon.

Corey et moi mangeons bientôt du bar et du saumon à plus de trente dollars le kilo comme si c'était des chips. Nous avons des langoustines sauce crème, des queues de langouste sur lit de riz au safran, du saumon sauvage du Pacifique et des pinces de crabe royal d'Alaska mélangées avec des coquilles Saint-Jacques géantes du Maryland, une gigantesque extravagance marine chaque soir. Mon colocataire ne tarde pas à réclamer des hamburgers. J'en parle à Rocker et j'instaure un échange avec le rayon boucherie. Nous passons au steak de cinq centimètres d'épaisseur, au filet mignon, aux énormes paquets de viande hachée, à la côte de bœuf, et même à un morceau rare de bœuf de Kobé nourri à la bière. Chaque fois que Zoe me fait une observation que je ne juge pas assez positive, davantage de marchandises disparaissent dans mon pantalon.

Je remarque à présent que beaucoup d'autres employés du *Marché* ressentent la même chose que moi. En attendant le train, je les écoute pester contre leur boulot. On les a tous obligés à lire une règle de trop, à propos des chemises, des cheveux et de « Passez une bonne journée ». Ils ont tous un salaire différent pour le même travail, sans aucune logique. Les promotions ne se fondent sur rien. Une jolie fille de dix-neuf ans passe chef caissière au bout de deux semaines, à la grande colère des autres. Je me demande si tous ces gens-là ont leur pantalon bourré de produits volés.

Je constate qu'Ippolito me bat froid depuis quelque temps. Zoe le monte contre moi, et il prend l'habitude de me rembarrer. Une cliente appelle et commande du saumon poché, je mets l'eau à bouillir, Ippolito arrive et se met à protester.

« C'est moi qui le fais, me dit-il. Je m'occupe de toutes les commandes spéciales.

– Vas-y, tue-toi au boulot.

– À partir de maintenant, c'est moi qui cuisine.

– Très bien. »

Plus tard dans la journée, juste avant qu'Ippolito s'en aille, je commence à recueillir des restes de poisson en vue d'un plat au soja et au sésame que j'ai prévu de présenter. Accommoder le poisson est un de mes points forts. En général, les clients apprécient mes échantillons.

« Je vais le faire », dit Ippolito. Il prend les restes sans me regarder. « À partir de maintenant, c'est moi qui cuisine.

– Vas-y. » Il reste une demi-heure de plus et attend que ses démonstrations sortent du four. Même après, il ne s'en va pas. Zoe lui a ordonné de garder un œil sur moi, c'est évident. Je gagne douze dollars de l'heure pour regarder dans le vide.

Après son départ, je m'assois au bureau à l'arrière de la poissonnerie et j'ouvre un tiroir pour chercher du ruban adhésif où inscrire la date d'arrivée des coquilles Saint-Jacques. Je vois les prochains horaires de présence. Je n'y figure pas. Un certain Roberto est inscrit.

Le lendemain est le dernier jour de la semaine programmée. D'habitude, les horaires sont déjà affichés. Je passe le plus clair de mon temps à me promener dans le magasin à la recherche des produits chers. Je trouve un ouvre-boîtes à treize dollars, l'avant-garde des ouvre-boîtes, avec des poignées noires caoutchoutées. J'en prends deux, je les enfile dans mon pantalon et je sors fumer une cigarette. Je les jette dans un buisson.

Je reprends des ouvre-boîtes, je ressors fumer. J'attrape des barres chocolatées et du chocolat allemand de luxe, je me cache derrière le comptoir et j'en remplis mes chaussettes, je ressors fumer. Tout part dans le buisson. J'enveloppe soigneusement deux kilos de saumon et ressors fumer. Quand je retourne à l'intérieur, John m'attend.

« Je peux te parler une seconde ?

– Naturellement.

– J'ai engagé un gars hier. Huit dollars de l'heure. Il sait découper le poisson. Je crois que nous n'avons plus de place pour toi.

– Naturellement.

– Ça n'a rien de personnel.

– C'est bon.

– Viens avec moi. » Il m'accompagne à mon casier, que je vide sous sa surveillance. Une règle du *Marché* prévoit que, lorsque vous avez été licencié, un directeur doit rester tout le temps avec vous pour éviter les vols ou les manifestations d'émotion intempestives. Il m'accompagne dehors.

« Je vais devoir regarder dans ton sac », dit-il. Il me le prend. J'ai mis dedans un livre et un T-shirt. Il me le rend. « Tu as toujours été honnête. Mais c'est le règlement.

– Pas de problème.

– Salut. »

Je lui serre la main, je fais le tour du pâté de maisons et je remplis mon sac d'ouvre-boîtes, de poisson et de chocolat. L'ironie de l'histoire, c'est qu'au bout de trois mois au *Marché*, je sais découper le poisson à peu près correctement.

Mon assurance serait arrivée au bout de quatre-vingt-dix jours. J'en ai fait quatre-vingt-neuf.

« Qu'est-ce que c'est que ça ? » Je vide mon sac sur le comptoir de la cuisine et je contemple mon héritage du *Marché*. Corey examine le contenu, déçu. Il attendait du bar.

« Des ouvre-boîtes.

– D'où tu les sors ?

– Un ami me les a donnés.

– Pourquoi neuf ouvre-boîtes ?

– Tu les veux ou pas ?

– Pas vraiment. »

Je les vendrai peut-être. Peut-être pas. Je n'ai aucun don pour la vente.

Retour aux petites annonces.

Ce soir-là, Corey doit quitter la ville pour un tournage, et quelques minutes avant qu'il sorte il reçoit un coup de fil que j'ai la chance d'intercepter. C'est une femme de Scarsdale.

« Je suis désespérée, dit-elle, j'ai besoin de vous. »

Tout en me demandant à quoi elle ressemble, je me souviens que pendant les dernières semaines Corey a fait passer une annonce dans le journal en tant que barman pour réceptions privées afin de se faire un peu d'argent. Il y a quelques mois, il a répondu à une annonce proposant un poste de barman, qui s'est révélée une pub rédigée avec astuce pour une *école* de barmen. Trop gêné pour admettre son erreur, il a aligné 1000 dollars pour apprendre à faire des Golden Cadillacs et des Harvey Wallbangers. Quand il s'est rendu compte que les gens qui buvaient ces cocktails étaient pour la plupart morts depuis longtemps, son chèque avait déjà été encaissé. Il se sentait obligé à présent de se trouver un travail de barman, histoire de récupérer sa mise.

Elle s'appelle Patrice, elle a organisé une soirée dans sa villa de Scarsdale pour une centaine d'amis influents, et son traiteur l'a lâchée à la dernière minute. Je comprends sa douleur. Je déteste quand ça arrive. Quoi qu'il en soit, Patrice a besoin d'un barman pour demain soir, quelqu'un qui soit là pour servir des bouteilles de château je-ne-sais-quoi en apéritif à ses amis. J'ai l'impression qu'on me demandera peu de compétences et beaucoup d'obséquiosité. Je peux être obséquieux pour un soir, surtout si je considère mon statut professionnel actuel.

Elle me demande : « Vous avez une ceinture de smoking ? » À l'entendre, c'est une condition *sine qua non.*

« Bien entendu. » Quel chômeur n'a pas de ceinture de smoking ?

« Et un nœud papillon ?

– Naturellement. »

Elle me donne l'adresse et quelques indications, et nous nous mettons d'accord pour le lendemain.

Je fouille dans les affaires de Corey en me disant que quelqu'un qui cherche une place de barman doit disposer d'une ceinture de smoking et d'un nœud papillon. Si oui, il les a bien cachés. Je dois donc aller dans le centre-ville acheter ces deux accessoires dans le seul magasin où je peux les trouver, qui est un endroit chic. Les articles les moins chers me coûtent trente-six dollars et je décide de ne les porter qu'un soir pour les rapporter le lendemain.

« Assurez-vous d'avoir bien pris ce qu'il vous faut, me dit la vendeuse. Nous n'acceptons aucune reprise.

– Bien sûr. Pas de problème. » Merde. Je pourrai peut-être les vendre à Corey.

Le lendemain, je prends le train pour Scarsdale (six dollars aller-retour) et un taxi de la gare à chez Patrice (seize dollars aller-retour), et en remontant son allée je me rends compte que j'ai déjà mis cinquante-huit dollars dans cette affaire. Je suis payé quinze dollars de l'heure et suis censé travailler quatre heures, j'envisage donc une marge bénéficiaire de deux dollars pour toute la soirée. Quelle merde. Mais ce sera facile, et je n'ai pas de travail, alors je n'ai rien d'autre à faire. Et qui sait? Je rencontrerai peut-être le propriétaire d'une maison d'édition ou une héritière nymphomane dont le mari n'est pas en ville.

La première personne que je vois c'est Patrice. Elle va probablement bien dans des circonstances ordinaires, mais la tension de la préparation de cette soirée l'a déboussolée. Elle tourne en rond, parle toute seule et ne s'arrête que pour crier sur un adolescent qui, je l'apprends ensuite, est le fils de sa voisine. Il est en train de disposer une table pour y ouvrir des huîtres chaudes. Elle vient vers moi.

«Vous devez être Corey.» L'annonce de Corey contenait son nom et, avant que je puisse la corriger, elle déverse un flot d'instructions. Je dois installer une longue table dans le patio, la recouvrir d'une nappe, y disposer ensuite des douzaines de bouteilles d'alcool, de vin, de jus de fruits et de sodas aussi joliment que possible. Facile. Pendant que je m'y emploie, elle vient régulièrement jouer la mouche du coche, déplacer quelques bouteilles, tirer sur la nappe, mais à part ça elle me laisse tranquille. Je termine vite et aide le gamin à installer la table des huîtres. Il les ouvrira pendant que je servirai le vin.

«Il commence à faire froid», observe-t-il.

Je l'ai remarqué aussi. Depuis que j'ai quitté Manhattan, la température est tombée de presque dix degrés. Je sors mon manteau de mon sac et m'emmitoufle, en remerciant le ciel de l'avoir emporté, ce que je n'ai décidé qu'au moment de sortir, juste au cas où la soirée fraîchirait.

Les invités commencent à arriver au moment où démarre un léger saupoudrage de neige, mélangée par intermittence à une pluie glaciale, ce qui rend le sol du patio glissant et dangereux. On dirait que la température baisse encore davantage. Les premiers arrivés ouvrent la porte du patio et se précipitent avidement vers le bar en glissant et en dérapant, et je leur décapsule quelques bières. Quelques-uns veulent du vin et j'utilise mon fidèle tire-bouchon (j'en avais un) pour déboucher avec élégance de coûteux merlots. Dès l'instant où ils sont servis, ils courent à l'intérieur s'abriter des éléments de plus en plus menaçants.

Survient un imprévu. La nuit tombe. Cette femme obsédée par le moindre détail en préparant sa soirée, qui a soigneusement disposé les bouteilles d'alcool pour les rendre alléchantes, qui s'est tracassée pour la longueur des nappes, a oublié qu'à New York en hiver il fait noir vers cinq heures et demie du soir. Et elle n'a pas d'éclairage extérieur. Le gars des huîtres et moi sommes maintenant debout sur le sol verglacé, sous une pluie glaciale et dans le noir absolu.

La porte du patio s'ouvre périodiquement et quelques invités viennent se faire resservir dehors. Ils attendent en frissonnant dans l'obscurité tandis que mes mains gourdes s'agrippent aux bouchons de liège et aux capsules de bière.

« Vous ne vous gelez pas? » demandent-ils tous en filant s'abriter, sans attendre la réponse évidente. Je doute que des éditeurs ou des nymphomanes veuillent bavarder avec moi dans ces conditions. Mais ce pourrait être pire. Je pourrais être le gamin chargé des huîtres. Personne ne va même à sa table. C'est trop long d'attendre qu'il ouvre les huîtres. Il reste aussi près que possible de l'appareil à vapeur, frissonnant, et engloutit des huîtres pour se réchauffer.

Je lui demande de me filer une ou deux huîtres. Il me les ouvre et regarde ma table.

« On échange, dit-il.

– Qu'est-ce qu'il te faut ?

– N'impor-or-te quoi », répond-il en claquant des dents.

Je lui ouvre une bouteille de Coca, j'en vide les trois quarts et je verse du bourbon dans le goulot. « Essaie ça. » L'idée me plaît et je me sers la même chose. Je ne suis pas sûr que ce soit légal de servir de l'alcool à des mineurs, mais je ne suis pas sûr non plus que ce soit légal de les faire travailler dans le blizzard. Nous sommes emmitouflés à présent comme des Eskimos et je me rends compte que ma ceinture de smoking et mon nœud papillon ni repris ni échangés ne sont même pas visibles sous mes couches de vêtements de survie.

La porte continue de s'ouvrir de temps à autre et quelqu'un se précipite dehors pour attraper une bière au vol, nous demande si nous nous gelons et rentre en courant. Ils sont pour la plupart tellement pressés qu'ils ne veulent même pas attendre que je leur prépare un verre. Ils saisissent simplement la première bouteille qu'ils devinent à tâtons sur la table et repartent en courant. Notre présence ici est donc d'une parfaite inutilité, sauf en tant que sujet de conversation : « Et par la fenêtre à l'est, vous pouvez voir les deux extras qui sont payés pour se geler dans l'obscurité. Enfin, vous ne les voyez peut-être pas, mais ils sont là-dehors. »

Une bouteille de vin est vide et je dois en déboucher une autre, ce qui devient compliqué puisque je ne sens plus mes doigts. Quand les buveurs de vin sont retournés à l'intérieur, le gamin me dit : « Hé, je crois que vous vous êtes blessé. »

Je regarde. Grâce aux rais de lumière qui filtrent à travers les persiennes, je peux voir du sang sur mes mains, mon manteau, mon tire-bouchon. J'ai dû m'esquinter en débouchant une bouteille. Je prends deux verres à vin sur la table et les emporte près de la fenêtre où il y a assez de lumière pour les examiner. Il y a du sang sur les deux. Je vérifie les bouteilles de bière. Ouais. Du sang.

À travers les persiennes je regarde les fêtards, agglutinés par petits groupes près de la cheminée ronflante, parlant de tout et de rien, tenant leur verre ensanglanté avec élégance, le petit doigt en l'air. Je m'attends à tout instant à ce que l'un d'eux le remarque et à entendre un cri d'horreur à vous le glacer, le sang. Heureusement, ils boivent presque tous un merlot bien foncé et on ne distingue quasiment pas les deux couleurs.

Je dis au gamin : « Viens voir. » Il s'approche. « Ils boivent mon sang. »

Il trouve ça marrant. Beaucoup trop marrant. Il se met à pousser des hennissements aigus incontrôlables et je m'aperçois qu'il est bourré. Quand il reprend son souffle, il me demande, beaucoup plus fort que nécessaire et en articulant avec quelque peine, s'il peut avoir un autre bourbon Coca.

« Bien sûr, pourquoi pas. »

La tête de Patrice apparaît à la porte. « Vous pouvez débarrasser », dit-elle. Le gamin trouve ça hilarant aussi. Elle le regarde avec curiosité.

« Tout va bien ici ? me demande-t-elle.

– Formidable. » Patrice a l'air beaucoup plus optimiste maintenant que sa soirée se passe bien et qu'elle a bu elle-même quelques verres, mais je ne sais pas ce qu'elle dira de ramener le gamin chez sa voisine couvert de vomi. Reste à résoudre la question du paiement, alors il vaudrait peut-être mieux que je débarrasse la table des huîtres à sa place.

«Je m'en occupe», dis-je au gamin. Il ne s'agit que de tout ranger dans le garage. «Pourquoi tu ne rentres pas chez toi?

– Non, ça va. Je vais voir Missy.

– C'est qui Missy?»

Il m'explique que Patrice a une fille pour qui il en pince, et qu'il a l'intention d'aller se présenter à elle après en avoir fini avec les huîtres.

«Pourquoi tu n'attendrais pas jusqu'à demain? Je suis sûr qu'elle ne partira nulle part.

– MISSY!» crie-t-il. Il boit une rasade de bourbon Coca et titube en direction de la maison. Je viens de créer un putain de monstre. Il va charger au milieu des invités comme Ben Braddock dans *Le Lauréat*, en hurlant le nom de la fille. Je l'intercepte, je le raisonne quelques minutes, et j'obtiens finalement qu'il débarrasse sa table, sous mon étroite surveillance. Par bonheur, la Nature intervient une fois de plus, et une énorme tempête de neige se déclenche. J'ai maintenant une excuse pour me tirer d'ici.

Je trouve Patrice dans la cuisine, en train de laver mollement des verres et de bavarder avec un invité.

«Salut. Il neige pas mal. Je ferais bien de rentrer en ville avant que la ligne de train soit bloquée.

– Bien entendu», dit-elle. Elle va prendre son sac. Elle en sort des billets. Coup de bol. Si ç'avait été un chèque, j'aurais dû passer par de longues explications, lui donner mon nom, révéler le noir secret de n'être pas Corey alors qu'elle m'a appelé comme ça toute la soirée. «Tony va bien là-dehors? Il avait l'air bizarre.

– Ça doit être le froid.

– En effet, ça s'est beaucoup rafraîchi, n'est-ce pas?» Elle me tend une poignée de billets de vingt dollars. Nous nous disons au revoir. En allant vers la porte j'entends son invité qui tient un verre dire: «C'est du sang ? » J'accélère le pas. Dehors, je cherche Tony pour lui dire au revoir et je le vois grimpant à un tuyau d'évacuation sur le mur du fond.

« Salut, vieux.

– Chhhhh », fait-il. Puis il crie : « LA CHAMBRE DE MISSY EST JUSTE ICI !

– D'accord… eh bien, bonne nuit. » Je cours vers la gare.

LE CÂBLE, UN DROIT NATUREL

C'est aujourd'hui mon anniversaire et j'ai une bonne surprise. Je lis une petite annonce qui dit: «Licence de lettres requise». Ce sont des mots qu'on ne voit jamais associés, jamais. Autant imaginer lire «Casier judiciaire chargé exigé» ou «Double amputation requise». De quoi se demander ce qui ne tourne pas rond chez ceux qui ont passé l'offre d'emploi. L'annonce décrit ensuite quelqu'un qui me ressemble beaucoup. «Colonel à la retraite cherche collaborateur à plein temps pour sa nouvelle entreprise de marketing. Doit avoir le goût des contacts. Licence de lettres requise. Ancien militaire de préférence.»

Je prends le téléphone en imaginant l'enthousiasme du vieux colonel quand il m'entendra. Ancien militaire, licence de lettres, putain, j'ai tout ce qui faut. Mon interlocutrice est une adolescente surmenée qui a dû répondre à un flot d'appels toute la journée. Les chômeurs anciens militaires licencié ès lettres sont plus nombreux que je ne l'aurais cru, et pourtant je pensais déjà qu'il y en avait des tas.

«Votre nom, s'il vous plaît?» Son ton est monocorde.

Je me présente. «J'appelle au sujet de l'annonce.

– Soyez ici demain à neuf heures trente. Tenue professionnelle.

– C'est où, ici?»

Ça l'exaspère, mais elle lutte contre l'angoisse de me donner l'adresse. J'entends des téléphones sonner en bruit de fond, elle est pressée de se débarrasser de moi et d'être désagréable avec le suivant.

Pour l'aider, je lui dis: «Je trouverai», en laissant entendre que ma formation militaire en matière de lecture de cartes me permettra de rejoindre l'endroit sans autre assistance, mais elle a raccroché.

L'endroit est un entrepôt désaffecté de Chelsea. Je suis accueilli à la porte par un jeune homme hyperactif en costume cravate qui me regarde dans les yeux et cherche mon nom sur une feuille. Il ressemble à un videur de boîte sélect qui veille à n'accepter que des clients passés par le filtre sévère qui consiste à donner son nom. Ou même pas. Un autre, assez jeune, bien habillé aussi, arrive derrière moi, se contente de dire au videur: «On m'a parlé de votre groupe», et il entre.

Je tournicote un instant dans le hall à observer la foule, en me demandant si j'ai le temps de fumer en vitesse une dernière cigarette avant que les réjouissances commencent. Voilà mes semblables, les titulaires de licence de lettres, le regard absent – ce regard lointain que donne une centaine de boulots fastidieux et mal payés. Je remarque pourtant que quelques groupes débordent d'énergie positive. Sur ma droite, deux femmes excitées parlent de «chance unique». Une autre, jolie et élégante, me serre la main et se présente. Quelque chose ne va pas. Les femmes ne me parlent jamais les premières, à moins d'être des putes ou d'avoir besoin que je les aide à porter quelque chose de lourd.

Mes soupçons s'intensifient. Nous nous asseyons sur des chaises métalliques pliantes, nous sommes une trentaine, et le jeune homme qui contrôlait les entrées vient nous demander comment nous allons. Quelques-uns poussent des cris enthousiastes.

« Qui veut gagner davantage d'argent ? » demande-t-il.

Les mêmes répondent.

« QUI VEUT GAGNER DAVANTAGE D'ARGENT ? » Il se déchaîne, il agite les bras comme un quaterback qui essaie d'obtenir encore plus d'acclamations de la foule. J'ai atterri au mauvais endroit. Je suis venu pour un entretien d'embauche, pas pour une réunion de baptistes. Où est l'aimable vieux colonel ?

Il demande à une fille, une vingtaine d'années, l'air gentil, qui paraît gênée dans sa tenue professionnelle : « Comment gagnez-vous votre vie ?

– Je travaille dans un café.

– Cela vous donne-t-il la liberté financière dont vous avez besoin ?

– Loin de là. » Elle est prête à être sauvée. La dame assise à côté d'elle est celle qui s'est présentée à moi, et elle touche doucement le bras de la fille avec un signe de tête, elle sourit. Bon sang, on a été infiltré. Ceci est un séminaire de vente et ils ont disséminé des vendeurs dans l'assistance pour que la réunion se passe bien, comme des tapineuses dans un bouge de la Nouvelle-Orléans. On ne distingue pas les clients des employés.

J'en fais un jeu. Je regarde autour de moi et j'essaie de deviner qui est qui, c'est trop facile. Ceux qui ont l'air mal dans leur peau sont les clients, ceux qui ont répondu à l'annonce, et ils sont un sur trois. Je regarde à ma gauche. Un monsieur aimable me fait un signe de tête joyeux. Je regarde à ma droite. Un jeune homme à lunettes et à la calvitie naissante me fait un signe de tête joyeux. C'est magistral. Ainsi, au cas où je me sentirais obligé de partager avec mon voisin une opinion cynique ou négative, il réagira par le boniment de l'entreprise. C'est la version vente d'un viol collectif.

Chaque femme est assise entre deux vendeuses, chaque homme, entre deux vendeurs. Une règle de l'entreprise, j'imagine. Voilà pourquoi ils ont pris la peine de nous demander notre nom, pour calculer combien d'hommes et de femmes il leur faudrait pour nous embobiner. Aller dans ces réunions, bouillonnant d'énergie, en faisant semblant d'être un candidat doit faire partie du boulot de vendeur. S'il y a trente personnes ici et que chaque candidat a un vendeur de chaque côté de lui, ça veut dire que nous ne sommes que... voyons... pas beaucoup de vrais candidats.

«Voici Mike», annonce le videur, et il applaudit. Tout le monde applaudit fort et longuement et je sens que je devrais savoir qui est Mike. J'applaudis aussi. Les applaudissements ont quelque chose de contagieux.

Mike a gagné un million de dollars en vendant des filtres à eau. Il ne parle pas vraiment d'un million, mais il dit avoir obtenu «la liberté financière». Il met en route un projecteur et nous montre une photo de lui devant deux Rolls, une Rolex au poignet. On voit dans le fond une très belle maison. Mike aurait pu pénétrer par effraction dans la propriété avec un photographe et poser pour quelques photos avant que les propriétaires ne lâchent leurs dobermans. Mais Mike est bien habillé, il en impose, et il a vraiment l'air comblé par les filtres à eau.

Mike s'approche d'un robinet et remplit une carafe d'eau, puis il visse un filtre sur le robinet et remplit une autre carafe. Il prend une seringue contenant un liquide clair et verse deux gouttes du produit dans chaque carafe. L'eau du robinet devient violette. L'eau filtrée reste claire.

«VOILÀ CE QUE VOS ENFANTS BOIVENT!» tonne-t-il. On ne peut pas trouver plus scientifique. Je suis convaincu. Je n'ai pas d'enfants, mais si j'en avais, je ne voudrais pas qu'ils boivent de l'eau violette.

« Vous savez ce que veut dire Evian à l'envers ?

– Naïve ! crie un jeune homme au premier rang.

– Tout juste, naïve ! exulte Mike. Parce que c'est ce qu'il faut être pour payer un dollar une bouteille d'eau d'un litre ! Ces filtres ne coûtent que quarante dollars, et vous pouvez OBTENIR QUARANTE MILLE LITRES D'EAU DE MÊME QUALITÉ POUR SEULEMENT UN DEMI-CENTIME LE LITRE ! »

Il s'excite beaucoup trop. Mal à l'aise, je commence à m'agiter sur ma chaise. Mais je vois qu'un ou deux véritables candidats sont gagnés par la fièvre.

« Incroyable ! » dit l'un. Je me demande si c'est un vrai candidat ou un autre sous-marin. Je suis peut-être le seul candidat ici ; c'est tout à mon avantage. Si je reviens ici demain, je trouverai peut-être un repère à crack vide, comme une scène de *L'Arnaque*. Il y a peut-être une caméra braquée sur moi, et des mecs dans une cabine avec des écouteurs et des micros qui disent : « Baisse d'un cran, Mike, on est en train de le perdre. »

Nous regardons une vidéo dans laquelle une demi-douzaine de gens ordinaires font des boulots merdiques jusqu'à ce qu'ils découvrent l'univers passionnant de la vente de filtres à eau. « À présent, j'ai le temps de me consacrer à mes enfants », s'exclame une mère, et pendant deux minutes c'est ce que nous la voyons faire. D'accord, on a compris le principe. Des enfants et du temps libre. On nous montre un jeune homme sirotant un martini devant une piscine. « Et je dois tout ça aux Dealmakers », dit-il. Une nana en bikini arrive et le prend par la taille, juste au cas où la vidéo n'aurait pas encore séduit la catégorie des mâles en rut. L'écran s'éteint.

Les Dealmakers, comme s'appelle l'entreprise de marketing, passent ensuite une demi-heure à expliquer comment je peux atteindre la liberté financière : en vendant des filtres à eau à tous les gens que je connais. Le hic, c'est que tous les gens que je connais sont comme moi. Si nous avons quarante dollars qui traînent, ils servent à payer de l'herbe ou une nuit de beuverie, pas à prévenir un fantasme paranoïaque d'eau violette.

Mais Mike sait ce que je pense. Il nous implore: «Vous devez apporter la santé à vos amis et à votre famille. Ils n'ont aucune idée de ce qu'ils peuvent boire.» Puis il aborde le nerf de la guerre.

Mike reconnaît que certains d'entre nous ne sont sans doute pas des vendeurs professionnels et que nous allons avoir besoin d'aide au début. Pour cinq cents petits dollars, il peut nous faire suivre un séminaire avec un homme encore plus énergique et plus enthousiaste que lui. Cet homme, dont on prononce le nom avec respect, ne donne ces séminaires que tous les six mois tellement il est sollicité, mais il se trouve qu'il est ICI EN CE MOMENT! Nous devons absolument nous procurer l'argent nécessaire, faute de quoi nous manquerons la plus grande occasion de notre vie.

Cinq cents dollars, nous dit Mike, c'est à peine la moitié de ce que nous gagnerons pendant notre première semaine. Les gens qui en ont après mon argent ont toujours une façon intéressante d'en parler, comme si mon argent m'emmerdait. Jamais ceux qui veulent que vous leur achetiez quelque chose ne vous rappellent combien de jours vous avez dû vous lever tôt pour ramener vos fesses au boulot, combien d'humiliations vous avez dû subir de patrons abusifs et de clients perpétuellement mécontents rien que pour pouvoir le gagner, cet argent. À les croire, il déforme votre portefeuille. Cet argent «dort». L'argent devrait servir à gagner de l'argent. Même si vous n'avez pas de boulot. Surtout si vous n'avez pas de boulot. Il n'y a que les minus qui mettent leur argent de côté pour le loyer. Ceux qui ont des rêves investissent dans LA VENTE DES FILTRES À EAU!!!

La réunion prend fin et le jeune homme à la calvitie naissante rayonne. « Whouah, qu'est-ce que vous pensez de ça ? »

Je lui réponds en imitant son enthousiasme. « C'était super. Je sors un instant m'en griller une. » Je vais vers la porte et il me suit, alors je me retourne et lui dis : « Mais d'abord je dois aller chier. » Il recule.

En entrant dans les toilettes, je vois la serveuse flanquée de deux jolies femmes chic qui lui adressent un sourire radieux. Elle le leur rend. En passant devant elles je l'entends dire : « Je suis sûre de pouvoir trouver l'argent... »

À côté des toilettes pour hommes il y a une sortie qui mène à une ruelle. Je sors, j'allume ma cigarette et je file.

Il n'y a pas de colonel. Pas d'expérience militaire ni de diplômes supérieurs requis. Mais si vous vous adressez à des diplômés en littérature, vous touchez un vaste secteur démographique : des gens frustrés et crédules qui ont prouvé qu'ils prennent de mauvaises décisions. L'industrie aux milliards de dollars qui ne produit rien, autrement dit l'enseignement supérieur, nous a eus, donc on peut nous avoir de nouveau.

Le lendemain, je reçois un coup de téléphone des Dealmakers.

« Nous avons regretté que vous ne soyez pas resté hier après la réunion. Nous voulions savoir si nous pouvions vous inscrire pour le séminaire.

– En fait, j'ai déjà un autre travail.

– Vraiment ? Dans quel secteur ?

– Je farcis des raviolis.

– Cela va-t-il vous apporter la liberté financière dont vous avez besoin ? »

Je raccroche. J'en ai marre de tout ça, des phrases toutes faites, de la claque planquée dans les réunions, des petites astuces de marketing qui m'attendent à chaque coin de rue. Pourquoi ils ne me fichent pas la paix? Je ne suis pas riche, la serveuse n'était pas riche. Mais qui d'autre est assez désespéré pour répondre à des promesses bidon? GAGNEZ DES MILLIERS DE DOLLARS PAR SEMAINE EN RESTANT CHEZ VOUS! SOYEZ VOTRE PROPRE PATRON!!! J'ai répondu une fois à une annonce qui disait que pour cinquante dollars je recevrais une liste d'entreprises dans MON QUARTIER qui m'engageraient pour travailler chez moi sur ordinateur. On m'a envoyé une copie des pages jaunes sur disquette.

Si j'avais pu vendre un seul filtre à eau avant d'abandonner par frustration, ça aurait valu le coup pour eux. Dix personnes par réunion, huit réunions par jour cinq jours par semaine, c'est quatre cents filtres à eau vendus et vingt mille dollars d'inscriptions au séminaire. Et quatre cents paumés ruinés et fatigués qui ont appris une nouvelle leçon de la vie sur le chemin de leur tombe.

Je trouve un boulot de livreur de fuel.

Le salaire est de huit dollars de l'heure, mais ce qui est bien c'est qu'une fois que j'ai rempli le camion-citerne le matin je n'ai pas à revoir mon supérieur jusqu'au moment où je lui remets mes reçus en fin de journée. J'ai un émetteur radio dans le camion et on peut m'appeler de temps en temps pour me demander où je suis, pour savoir si je respecte mes horaires. Mais bon, les horaires ne sont pas très chargés.

La difficulté c'est d'apprendre le parcours. Je fais la Main Line de Philadelphie, encore une fois au service des riches, dont beaucoup ont des résidences somptueuses. Des familles de trois ou quatre personnes habitent dans des châteaux de dix-huit chambres, avec des voitures de sport neuves dans toutes les allées. Je circule en me demandant comment ces gens-là gagnent leur vie. D'où viennent les riches? Est-ce que les propriétaires de toutes ces maisons sont des génies, des inventeurs de moteurs de fusées et de traitements des maladies? Ils ont eu une grande idée, comme les Post-it, et l'ont capitalisée? Cet énorme surplus d'argent cache-t-il des histoires passionnantes, ou le simple héritage d'une usine qui fabrique des coupe-ongles de pied pour l'armée?

Une chose est sûre: ils pensent le mériter. Je ne connais pas beaucoup de gens riches, mais j'en ai croisé suffisamment pour savoir que même ceux qui vivent de leurs rentes considèrent qu'ils sont spéciaux, pas qu'ils ont eu de la chance. Ils réinventent le passé et incluent des détails sur leur patience et leur courage, à l'intention de celui qui les écoute, et il y aura toujours quelqu'un pour le faire parce qu'ils sont riches. C'est toujours plus marrant d'écouter les riches parce qu'il peut y avoir une chance d'être invité à les accompagner aux Bahamas ou qu'ils vous prêtent une voiture de sport pour le week-end. Il m'a fallu un certain temps pour comprendre qu'ils sont d'habitude plus radins que les gens que je fréquente.

L'autre grande caractéristique des riches c'est que leurs enfants sont toujours des chieurs. Pas le genre de gentil chieur qui travaille à la station d'essence, qui prétend pouvoir réparer votre voiture et finit par la bousiller. Non, les gamins riches sont sournois. Du genre à mettre au point une formidable opération illégale, rien que pour prouver une ou deux choses à leur papa; et quand vous vous faites tous prendre, ils le supplient de leur fournir un grand avocat et ne vous reparlent plus jamais. Ils sont nés dans l'argent et ils savent que l'argent veillera sur eux. Cette assurance entraîne un système de valeurs totalement différent, un système que le reste du monde ne saisit jamais tout à fait.

J'ai remarqué que ces maisons à moitié vides sont le plus souvent sombres et silencieuses, comme le décor de *Citizen Kane*. Les femmes au foyer mènent leur petite vie dans les cuisines, et j'aperçois par la fenêtre leur tête bien coiffée pendant que je fixe mon tuyau à leur réservoir de fuel. En général, elles sont seules. Elles ne me font jamais un signe de la main. La troisième grande caractéristique des riches c'est qu'ils ne parlent pas avec le petit personnel. *L'Amant de Lady Chatterley*, c'était du pipeau.

Le plus compliqué, c'est de savoir où se trouve la cuve de fuel de chaque maison. Chaque bon de livraison comporte un petit schéma, mais l'entrée de la cuve se présente sous la forme d'un tuyau métallique d'environ dix centimètres de diamètre, et il est souvent caché derrière des buissons, sous des pierres, ou complètement enfoui sous la neige. Parfois les petits schémas sont faux, et je passe un quart d'heure à fouiller dans un buisson épineux et couvert de neige avant de repérer le bouchon à l'autre bout du mur, tandis que la maîtresse de maison, stupéfaite, regarde par la fenêtre de sa cuisine en se demandant ce que je fabrique. Quand l'entrée du jardin est configurée de telle sorte que je ne peux pas approcher mon camion à moins de cent mètres de la cuve, je dois traîner le tuyau à travers la pelouse. J'ai parfois l'impression qu'il est plein de briques de plomb. Il arrive qu'il renverse des ornements de jardin très chers, et je les vois se briser sur les pavés de l'allée. Parfois le schéma est faux parce que je suis en train de livrer la maison d'à côté, et je lui fournis quatre cent cinquante litres de fuel gratuit avant de m'en rendre compte.

À une adresse, le schéma est remplacé par une note qui dit simplement «Remplissage sous le nez de l'âne». Je m'arrête dans l'allée et je vois une immense statue d'âne devant la maison, je m'approche et j'examine son museau. Je décide que l'âne doit être le réservoir de fuel. Ses narines de ciment sont assez grandes pour recevoir mon tuyau, même si je ne vois pas de filetage dans lequel visser l'embout. Je l'enfonce aussi loin que possible dans la narine et j'ouvre l'arrivée à fond.

La tête de l'âne explose et je suis inondé par une pluie de fuel et de ciment. Aveuglé, je cherche à tâtons mon tuyau qui a des convulsions d'anaconda épileptique et lance du fuel dans tout ce joli paysage. Après avoir pris au moins trois fois dans la gueule une giclée de trois cents litres à la minute, je réussis à plaquer le tuyau au sol et à le fermer, non sans avoir bu la tasse. J'étouffe, je suis trempé, je retourne tant bien que mal au camion et j'appelle le bureau par radio.

«Je suis au 1105 Chester Springs. Leur cuve vient de péter.

– Comment ça, elle vient de péter?» Charlie, qui coordonne les livraisons, a été lui-même livreur pendant quinze ans. Il connaît par cœur chaque adresse.

«Elle vient de m'exploser dessus.

– C'est celle à côté de l'âne, c'est ça?»

À côté de l'âne? Qu'est-ce qu'il veut dire? «Oui», je réponds avec prudence.

«J'envoie quelqu'un.»

Je cours vers l'âne sans tête et inondé de fuel. Je gratte comme un fou le sol sous le nez de l'âne et ma main heurte du métal sous la neige. Je repousse la neige et là, qui se marre, le bouchon de la cuve.

J'explique que «sous le nez de l'âne» était ambigu. Je suis dans le bureau de Charlie, mais il veut que je m'en aille. Tout le monde veut me voir partir parce que je suis trempé de fuel et qu'ils étouffent.

Charlie a de l'expérience. Il ne va pas me virer parce qu'il a déjà vu ce genre de choses, et aussi parce que je ne suis pas l'employé le plus stupide qui ait travaillé pour lui aujourd'hui. Cet honneur revient à un autre gars qui s'appelle Dave. Il a rempli une fosse septique de plus de deux mille litres jusqu'à ce que le fuel ressorte par les cuvettes des toilettes et inonde les salles de bains d'une maison à un million de dollars à Kimberton. Ensuite, en sortant de la propriété, il est entré dans un poteau et a coupé le courant. En ce moment même, les résidents habitent une caverne noyée de fuel et Charlie a autre chose sur les bras qu'un âne sans tête.

«Dehors, me dit-il. À demain huit heures.»

Quand le fuel se déverse, on entend un sifflement, l'air s'échappe par un conduit d'aération à mesure que la cuve se remplit. Quand le sifflement s'arrête, la cuve est presque pleine, et on ferme. Je découvre bientôt un problème: les souris se nichent souvent dans les conduits, ce qui empêche l'air de s'échapper. Ce qui se passe alors dépend de la taille de la souris. Si vous avez affaire à une jolie souris mince, elle sera éjectée et se sauvera dès que l'air commencera à la chasser du trou. Une souris de taille moyenne peut vous faire croire que la cuve est déjà pleine parce que vous n'entendez jamais un sifflement net et qu'elle est coincée, alors vous ne livrez pas. Une bonne grosse souris, elle, restera là, bloquée, jusqu'à ce que la pression de l'air devienne suffisante pour la projeter comme un boulet.

Après avoir été attaqué par deux souris consécutives, je décide que c'est une bonne idée de ne pas se pencher au-dessus des conduits. Mais du coup c'est difficile d'entendre la cuve se remplir, et si vous manquez le gargouillement qui indique le plein, le fuel gicle par le conduit d'aération. Ça n'est pas grave lorsqu'il y en a peu et que le sol n'est que de la terre. Mais quand trente ou quarante litres aspergent des rosiers de concours, alors ça pose problème.

Je rentre chez moi trempé de fuel à peu près deux fois par semaine. Un soir, je fais ma lessive en mettant tout ensemble, vêtements de travail et le reste, et maintenant toute ma garde-robe pue le fuel. Une fille venue chez moi me demande : « Il y a un camion qui fuit dans le garage en bas ? »

Je commence à exaspérer les réparateurs qui doivent répondre aux réclamations pour débordement. Même Charlie se met à prendre mes erreurs un peu plus au sérieux. Il me demande de travailler le jour de Noël et le jour de l'An et je dis oui, craignant qu'un refus me réexpédie dans une réunion de filtres à eau. Je passe Noël bien décidé à être aimable avec tout le monde. Je fais des signes par les fenêtres aux familles à l'intérieur, mais personne ne répond. Le jour de l'An, je livre toute la journée avec une gueule de bois terrible.

Et puis il se passe quelque chose. Je prends le coup de main. Un beau jour, en février, Charlie me tend mon chèque et me dit : « Vous savez quoi ? Ça fait un moment que vous n'avez pas eu de réclamation. » Je m'aperçois que c'est vrai. J'ai maîtrisé la livraison de fuel. La fois suivante, quand il me remet mon chèque, il me dit qu'il va me laisser partir.

« Il fait doux, dit-il. L'activité est quasiment au point mort. Un seul chauffeur me suffit pour tous les parcours. »

Je hoche la tête.

« Vous savez ce que c'est, le travail saisonnier. Vous avez fait du bon boulot. » Il me tape sur l'épaule.

Retour aux petites annonces.

J'ai un copain dont le père a besoin qu'on lui repeigne son garage, et je me dis que l'argent me sera utile pendant que je chercherai autre chose. Alors que nous allons chercher la peinture en voiture, il me parle de sa vie.

« J'ai acheté ma première maison pour neuf mille dollars. » Nous roulons dans une voiture qui coûte le double. « C'était une jolie maison. Aujourd'hui, pour ce prix, tu ne trouverais pas un taudis à crack. »

Il a presque toujours vendu des climatiseurs. De nos jours, ça ne permettrait même pas à un vendeur doué d'habiter un studio. Où est passé l'argent ? Et quand ? À cause de la Commission trilatérale ? de la bande des Sept ? des industriels de la Défense de Reagan ? des yuppies ? des Japonais ? C'est de cet argent-là qu'il s'agit quand on parle de la dette publique ? L'argent qui aurait permis de me payer suffisamment pour que je vive dans un endroit pas cher, c'était quatre mille milliards de dollars ? La dette publique est arrivée comment ? Et comment je récupère ma part ?

Chacun a sa théorie. Le père de mon copain est arrivé à la conclusion que les responsables étaient les industriels de la Défense de Reagan. Ça me paraît juste. Je n'en sais pas assez pour discuter.

Quelqu'un a raflé tout l'argent, c'est sûr. Il y en avait tellement qu'il doit bien se trouver quelque part. La propagation de la prospérité du haut vers le bas s'est sans doute inversée. Les Américains ont perdu leur richesse goutte à goutte pendant qu'une succession de décisions inconsidérées permettait aux millionnaires de se tailler une part de plus en plus grosse. Les riches philanthropes, les Carnegie d'autrefois qui déploraient les difficultés des pauvres, ont été remplacés par une nouvelle race de millionnaire, le millionnaire-né qui ignore que la pauvreté existe. C'est chaque millionnaire pour soi.

Une usine délocalisée au Mexique aujourd'hui, une augmentation des salaires du Congrès demain, un fonctionnaire de l'Administration qui ferme les yeux sur la hausse des tarifs des compagnies de téléphone après-demain, et bientôt tout le monde doit se contenter de survivre. Les promoteurs immobiliers voient une occasion de gonfler les prix et personne ne le leur interdit. Où se cache le type censé dire « Non, ce ne serait pas juste » ? A-t-il seulement existé ? Les auteurs de la Constitution ont-ils négligé d'inclure un paragraphe sur ce qui arriverait quand la richesse commencerait à passer du peuple aux mains de quelques-uns ?

Si vous demandez aux riches pourquoi vous ne pouvez pas gagner votre vie, ils vous diront que c'est votre faute. Ceux qui réussissent à grimper dans les canots de sauvetage pensent toujours que ceux qui sont encore dans l'eau le méritent. Vous n'avez pas été assez rapide, pas assez malin, pas assez vif. Vous n'avez pas anticipé le naufrage économique. Vous auriez dû investir dans les ordinateurs. Vous auriez dû commencer à étudier l'informatique à huit ans. Vous auriez dû la choisir comme matière facultative au lieu du base-ball, et vous seriez à ma place maintenant.

Je verse la peinture dans le baquet et je me mets au travail.

C'est assez facile. Trop facile, en fait, et entre travailler et accepter la charité la frontière devient vite floue. Je travaille deux heures et le père de mon copain me demande si je veux piquer une tête dans la piscine. J'essaie de rester professionnel et je lui réponds que je dois travailler. Il hausse les épaules. Ça lui est égal. Je suis l'ami de son fils, et je serai payé, que j'aille nager ou que je finisse le garage. Je m'efforce de faire de la belle ouvrage, mais il n'y a pas de véritable enjeu et, en fin de compte, rien à apprécier. Le garage a une nouvelle couche de peinture. Il tiendra quelques années de plus.

Plus tard, chez moi, un voisin me demande si je m'y connais en télés. Je suis plutôt bricoleur et je me dis que ça doit être un mauvais contact. Je propose de jeter un œil.

«J'essaie d'avoir les chaînes câblées, me dit-il.

– Je vois.» Il me regarde avec une expression d'appréhension qui m'est familière, le regard interrogateur qui cherche à savoir si vous en êtes ou pas. J'en suis.

Il y a quelques années, j'ai travaillé pour un installateur de câble et le patron, en essayant de m'apprendre à ne pas m'électrocuter, a eu la gentillesse de me donner une leçon involontaire d'accès gratuit au-dit câble. C'était un homme honnête et travailleur qui avait passé toute sa vie dans les fils (téléphone, télé, électricité), et qui m'a soigneusement expliqué la nature de chacun. Ça me prend cinq minutes pour câbler mon voisin et il me file cinquante dollars.

Le lendemain, un de ses copains appelle. Puis un autre. Puis leurs copains. Tout le monde réclame le câble gratuit. Un type résilie son abonnement et m'appelle. Apparemment, je suis devenu l'installateur non officiel du câble dans mon quartier. Un soir, je suis en train de me soûler chez une fille et elle se plaint de la mauvaise qualité des programmes des chaînes publiques, aussitôt, elle a le câble. Mon copain veut regarder un match qui est brouillé par son fournisseur, alors je dévisse un filtre et nous nous installons pour passer une bonne soirée.

Contrairement à ce qu'on voudrait vous faire croire, s'approprier le câble est un acte de désobéissance civile dont Martin Luther King et le Mahatma Gandhi seraient fiers. On y associe souvent le terme de «piratage», utilisé par les médias, qui appartiennent pour la plupart à ceux qui possèdent aussi les réseaux câblés. Ils essaient de nous persuader que les voleurs de câble érodent la moralité américaine. Fermer des usines rentables, licencier des centaines de travailleurs et rouvrir ces usines au Mexique avec une main-d'œuvre meilleur marché n'est pas un signe d'érosion de la moralité. Payer des ramasseurs de champignons quatre dollars de l'heure n'est pas illégal. Regarder *Pop-up Video* gratis, ça c'est un crime.

Voilà comment je justifie le vol du câble. Le terme que j'emploierais pour désigner les voleurs serait «Robins des Bois». Je suis dans une file d'attente dans les bureaux de la Time-Warner à Durham, Caroline du Nord, avec une fille venue payer sa facture de câble. Nous sommes derrière un jeune couple de Noirs qui supplient pour qu'on leur réinstalle le câble, bien qu'ils soient en retard dans les paiements. La fille derrière le guichet est aussi impitoyable que les hommes de n'importe quel shérif de Nottingham.

«Vous devez d'abord régler les soixante-trois dollars quatre-vingt-quinze, ensuite on vous enverra quelqu'un. Et il y aura vingt-trois dollars quatre-vingt-quinze de frais de réinstallation.»

La femme black commence à protester et la fille l'interrompt. «Il me faut l'argent. Le règlement c'est le règlement.»

Oui, mais ceux qui font les règlements sont souvent des fous du profit. Or le câble est un droit naturel de tout Américain, nous devrions tous y avoir accès. Les meilleures chaînes pour les riches, TNT et USA pour les autres. Mais PAS de câble du tout? Allons, un peu de cœur.

Quand j'étais encore au lycée, personne n'avait le câble, tout le monde regardait les chaînes publiques. Maintenant, chaque maison de chaque rue paie une moyenne de dix-huit dollars par mois pour regarder *Histoire du Monde, Première partie* sept fois par mois. Ce sont des millions et des millions de dollars qui tombent sur le compte bancaire de quelqu'un. Où vont-ils? Sûrement pas dans la programmation. J'ai le câble gratuit vingt-quatre heures sur vingt-quatre, et ça pour des épisodes de *Columbo* et d'*Hawaï police d'État* que je trouvais déjà mauvais quand j'étais enfant. Le câble a pris notre argent et a recyclé les ordures d'hier pour nous les resservir.

Alors où est le mal si on plante un splitter ou si on achète un démodulateur? Avec un démodulateur, vous pouvez regarder les chaînes pornos tard la nuit et voir une nymphe siliconée se rouler sur un lit sans avoir à payer huit dollars pour ce privilège. De toute façon, personne ne tient plus de cinq minutes. En général, dès qu'elle a dit qu'elle aime nager dans la mer et n'aime pas les gens mal élevés, je suis prêt pour le premier polar venu. Chez Time-Warner, ils me demanderaient douze dollars par mois, ils les auraient. Mais s'ils veulent l'équivalent d'une traite de voiture, alors ils n'auront rien et s'en contenteront.

Le drame dans la carrière du voleur de câble c'est que, contrairement à certaines entreprises criminelles comme le trafic de drogue et la prostitution, sa clientèle n'est pas fidélisée. La source se tarit rapidement. Tout mon quartier regarde en paix les chaînes Comedy Central et Nickelodeon, et je dois réintégrer la force de travail.

Je décroche un boulot de cuisinier dans un restaurant.

NE SERIONS-NOUS PAS PLUS HEUREUX AILLEURS?

Le paradoxe de l'industrie de la restauration, c'est qu'aucun restaurant ne s'ouvre jamais dans les quartiers où il y a beaucoup de chômeurs, la raison étant que ces zones sont économiquement faibles et que leur population n'a pas les moyens de se payer le luxe de manger dehors. Autrement dit, les restaurants fuient les endroits où des gens ont vraiment besoin d'un boulot et ils s'installent là où personne ne veut y travailler. Résultat, dans tous les établissements qui marchent bien, le personnel préférerait être ailleurs.

C'est peut-être pareil dans la plupart des commerces, mais dans les restaurants on en parle ouvertement. «La semaine prochaine j'aurai un vrai travail», me dit une des serveuses le premier jour. «Dès que j'aurai mon diplôme, je trouverai un véritable emploi», me dit le cuisinier qui me forme. Il y a un accord tacite entre les employés: leur travail n'est pas réel, d'abord parce qu'il est facile à obtenir, ensuite parce que travailler dans un restaurant n'inspire aucun respect. Les employés guettent donc toujours quelque chose de mieux, quel que soit leur salaire.

Les directeurs combattent cette attitude de la même façon que la plupart des entreprises: en offrant des titres qui ne veulent rien dire et de prétendus avantages. Mais dans l'industrie de la restauration la perte de moral est un état de fait et on ne gaspille pas trop de temps là-dessus. « Nous accordons une couverture médicale complète au bout de quatre-vingt-dix jours », m'annonce le directeur aux yeux larmoyants pendant mon entretien d'orientation. Il ajoute : « Et notre siège central déduit la cotisation sur votre paie. » À l'entendre, le personnel du siège central me fait une faveur en m'évitant de soustraire moi-même mon argent de ma paie. Je coche la case « assurance refusée » sur le formulaire.

« Au bout de quatre-vingt-dix jours vous avez aussi la qualification de chef d'équipe », que je refuserais aussi si j'avais le choix. Les chefs d'équipe sont dans les chaînes de restaurants l'équivalent des hommes de confiance dans les prisons. Pour cinquante cents de plus de l'heure, vous devenez responsable de tout, vous faites, en gros, le travail d'un directeur pour un salaire de cuisinier. Ça libère le directeur pour des tâches plus importantes comme se balader l'air surmené, ou s'asseoir à une table et attendre la fin de la soirée pour pouvoir se mettre aux alcools forts quand personne ne regarde.

« Au travail », me dit-il.

Lc restaurant est un de ceux qui surgissent partout et se caractérisent par les merdouilles accrochées aux murs. Au début des années quatre-vingt, quelqu'un a décidé quelque part que les clients se sentaient plus à l'aise s'ils mangeaient avec une pagaie de canoë revernie accrochée au mur derrière eux. Les lampes de cuivre déglinguées et les outils de forgeron ont bientôt suivi et maintenant tous les restaurants de chaînes aux États-Unis exhibent des trésors de fonds de débarras fixés aux murs, et, j'ajoute, très bien fixés, afin que les ivrognes ne puissent pas les détacher.

Dans ces endroits-là, la nourriture est fade, mais mangeable, et le restaurant où je viens d'être engagé ne fait pas exception. On trouve dans le manuel une page pour chaque étape de chaque opération de préparation de chaque article du menu. Ici, je ne fais pas la cuisine, je produis. Je suis essentiellement un ouvrier d'usine. Un des directeurs a fait une école de cuisine et il pétillait de nouvelles idées quand il a été engagé il y a six mois. Il s'est aujourd'hui résigné à tasser de la viande hachée dans des moules d'un air dégoûté. «Je vais me trouver un vrai travail, me dit-il en me montrant comment on se sert du moule à hamburger. J'ai posé ma candidature chez Payne Walker.

– C'est un abattoir, non?

– Au moins on y utilise tes compétences.»

J'ai travaillé dans des usines, et les ouvriers y sont plus heureux que les gens d'ici. Ici les employés ne sont pas autorisés à reconnaître qu'ils font du travail à la chaîne, et les directeurs sont chargés du déni collectif. Nous lisons toutes les semaines le bulletin que nous envoie le siège pour nous dire que nous travaillons bien, que nos «hôtes» (la nouvelle façon de désigner les clients) sont contents de nous, que nous devons être toujours souriants, même en cuisine, où les hôtes ne peuvent pas nous voir. Notre mine renfrognée se communique au personnel de salle, qui se montre alors désagréable avec les clients, qui s'en vont et ne reviennent pas; alors le restaurant ferme et nous devons tous nous chercher du boulot. Donc, si nous voulons travailler, nous avons intérêt à sourire. CQFD.

C'est très bien sur le papier, mais cette philosophie ne tient pas compte de la complexité et de la perversité de la nature humaine. Me demander de sourire a sur moi l'effet opposé. Les sourires viennent d'ailleurs. Résultat final, le personnel de salle est saisi d'un enthousiasme névrotique forcé qui remplace la véritable amabilité. Ça se manifeste par un ton de voix inutilement élevé. Tous circulent en gueulant, entre eux et avec les hôtes.

« COMMENT ÇA VA AUJOURD'HUI, DAVID ? », me demande une fringante directrice au début de mon deuxième jour. L'enthousiasme vient du sommet, aussi les directeurs doivent-ils être les plus fringants de nous tous.

Je lui réponds tranquillement que je m'appelle Iain.

Elle me tape longuement sur l'épaule et s'éloigne. Plus tard dans la journée, après le coup de feu du déjeuner, elle apparaît derrière les fourneaux et nous regarde avec une inquiétude évidente. « QU'EST-CE QUI VOUS ARRIVE, LES GARS ? » L'autre cuisinier, un Nigérian plus âgé qui s'appelle Jacques et qui travaille ici depuis des années, la regarde fixement. J'essaie d'apprendre un nouveau menu et de mélanger convenablement les ingrédients dans une salade.

« Nous occupés », dit Jacques. Je confirme d'un hochement de tête.

« TOUT LE MONDE EST OCCUPÉ, crie-t-elle. ALLEZ, EN ROUTE ! »

Je suis convaincu que ce n'est que de la bêtise, que je m'y ferai, et les jours suivants je m'efforce d'apprendre le menu et de tout faire bien. Le travail est dur, mais Jacques est un bon professeur et c'est facile de travailler avec lui. Je m'occupe de mes affaires, j'arrive à l'heure, et je suis les instructions du manuel. À la fin de la semaine, la directrice, Marci, m'appelle au bureau pour un entretien « de soutien ».

« Vous n'avez pas l'air heureux ici », me dit-elle. Elle ne crie plus. Elle me regarde avec intensité, comme si elle me mettait au défi de dire ce qu'il ne faut pas, et une centaine de choses à ne pas dire me viennent en tête. Qu'est-ce que le bonheur a à voir là-dedans ? Ce serait une erreur. Va te faire foutre ? Autre erreur.

«Je vais très bien.
– Vous n'en avez pas l'air.»

Qu'est-ce que je suis censé répondre? Je suis là. Je suis arrivé à l'heure et je n'avais pas bu. Qu'est-ce qu'ils veulent? Je la regarde en silence, convaincu que tout ce qui sortira de ma bouche sera de travers.

«Qu'avez-vous à dire?
– Rien, vraiment.
– Vous seriez plus heureux ailleurs?»

Je mens. «Non.» Ne serions-nous pas tous plus heureux ailleurs? N'est-ce pas le fondement de la condition humaine? Mais je ne pense pas que sa question ait été philosophique.

Elle hausse les épaules et lève les mains dans un geste d'impuissance comme pour dire: «Qu'est-ce que je vais faire de vous?» Jc me dis qu'il y a autre chose là-dessous, comme toujours. J'ai fait du bon travail, je suis un cuisinier expérimenté et digne de confiance, mais ils veulent toujours plus que ce que dit l'annonce. Ils veulent un bon lèche-cul. J'en serais peut-être capable si on ne l'exigeait pas de moi.

«Je vais vous donner une semaine de plus», me dit-elle. L'entrevue est terminée, je sors sans rien dire.

Jacques me demande: «C'était pourquoi?
– Elle pense que je fais du mauvais esprit.»

Il s'esclaffe. «Elle pas baiser depuis un an.»

Une semaine passe, et Marci ne me reparle pas. Mon attitude n'a pas changé, mais le restaurant manque tellement de personnel que même elle a assez de bon sens pour ne pas me virer rien que pour prouver qu'elle peut le faire. Les restaurants poussent dans le coin comme la mauvaise herbe. Quatorze restaurants en franchise ont ouvert ces six derniers mois, et comme chacun a besoin de soixante employés, ça fait huit cent quarante personnes qui peuvent trouver du travail. Les restaurants se battent pour du personnel, ils offrent des avantages aux employés qui recrutent pour eux, passent des annonces de plus en plus grandes dans la presse et proposent même des primes à la signature du contrat. C'est un marché des employés et je suis sur la crête de la vague.

Le travail est dur, mais ceux avec qui je travaille sont durs à la peine. Tous ont un autre boulot et beaucoup enchaînent directement les deux, cinq ou six jours par semaine. Ça fait une semaine de soixante-quatorze heures sans heures supplémentaires payées, debout tout le temps. Ils ne se plaignent jamais. Le refrain habituel est: « On s'y fait. »

J'ai déjà travaillé soixante-quatorze heures par semaine, parfois pendant des mois, mais je ne dirais jamais que je m'y suis fait. Mon corps luttait sans cesse pour se reposer. Mais quand on veut son appartement, ou sa voiture avec l'assurance, ou le câble payant, c'est devenu une nécessité. Quel est l'emploi qui à lui seul peut apporter à un individu un mode de vie confortable ? Et quand ces types ont payé pour toutes les choses qu'ils veulent, ils n'ont jamais le temps d'en profiter parce qu'ils sont toujours soit dans un restaurant soit dans un autre en train de jeter des hamburgers sur un grill.

Je préfère conserver mon temps libre et m'en tirer tout juste.

Robb, le directeur qui rêve de travailler un jour dans un abattoir, est intrigué par le fait que j'ai un diplôme universitaire. « Avec ça, tu pourrais entrer à la direction. Tu es sous-employé.

– Qu'est-ce qu'il y a de si bien à être directeur ?

– D'abord, plus d'argent. Regarde-toi. Tu te gaspilles. »

J'entends souvent ça, mais le choix n'a rien de mystérieux. Pour ne pas me gaspiller, je dois faire carrière dans la direction et travailler un minimum de soixante heures par semaine à faire essentiellement ce que je fais actuellement. Si vous comptez vingt heures supplémentaires, ça ne paie pas davantage, c'est seulement plus de travail. En réalité, ça fait environ un dollar de l'heure en moins.

Robb est tout excité : « Tu aurais des avantages. Et des congés maladie. »

Voilà un homme qui cherche désespérément à se débarrasser de son poste et qui essaie de me convaincre de son grand intérêt. Je lui fais remarquer : « Vous n'aimez pas votre travail.

– Il n'est pas fait pour moi. Mais il serait parfait pour toi. »

Essaierait-il de me préparer à le remplacer ? C'est un type régulier, pas du genre à avoir des projets sournois. Je pense qu'il ne veut que mon bien.

« Je vais y réfléchir. » Il lève les yeux au ciel devant mon entêtement. Je me fais plus de trois cents dollars la semaine ici, sans stress. Quand j'ai terminé, je m'en vais. Ils ne peuvent pas me transférer dans un autre établissement comme ils le font avec les responsables. Plus important encore, je peux m'occuper de mes affaires et je ne suis pas obligé de me balader pour contrôler que tout le monde sourit.

La semaine suivante, Ken, le directeur général, m'arrête au moment où je pointe à la sortie. « J'ai entendu dire que vous seriez intéressé par un poste de direction.

– Pas vraiment. » Travailler davantage ne m'emballe pas, mais il y a une sécurité à être cadre, l'idée que vous travaillez avec un but de carrière, un espoir d'avancement. En vieillissant, je commence à penser à ces choses-là. Un directeur est sous une sorte de parapluie protecteur.

« Nous cherchons des directeurs, me dit-il. Je vous laisse la documentation et vous y jetez un œil ? »

Je prends la documentation, le manuel de formation du directeur, qui explique en détail les soixante jours de préparation. Je connais déjà la cuisine, qui est la partie la plus difficile. Pour ma formation, je dois aussi tenir le bar et m'occuper de l'accueil, et assurer un ou deux services des tables, toutes choses que j'ai déjà faites. Ça paraît assez facile, mais je ne suis pas sûr de vouloir assumer les horaires requis.

Puis le directeur régional vient me voir un après-midi quand j'arrête pour un changement d'équipe. Il me serre la main avec un sourire chaleureux.

« Il paraît que vous allez être un de nos nouveaux directeurs. »

Ces gens-là doivent être désespérés. Je n'ai jamais vraiment exprimé ce désir, et pourtant le bruit a couru jusqu'au sommet que je suis motivé et ambitieux, que je cherche à grimper les échelons, tout ça parce que je n'ai pas dit non à la perspective d'une promotion. Il est trop tard pour reculer, alors je fais ce que j'ai l'habitude de faire quand on me questionne sur un emploi dont je ne veux pas vraiment. Je demande un salaire impossible.

« Trente-deux mille par an ? » répète le directeur régional. Il sourit. Je souris. Je sais qu'il en gagne vingt-six, et que c'est probablement hors de question. Je gagne actuellement neuf dollars de l'heure, donc il sait que je peux survivre avec beaucoup moins. Je me dis qu'il va me faire une contre-proposition insultante et que je pourrai retourner faire la cuisine.

« J'aime votre style, dit-il. Vous êtes ambitieux. »

Il a pris mon désir de mettre vite fin à notre conversation pour du sens des affaires et réfléchit réellement à ma demande. Il hoche la tête. « Ce n'est pas inenvisageable. »

Non ? Merde alors. Me voilà obligé de prendre une décision. Chambouler ma vie pour un restaurant dont je n'ai pas encore décidé s'il me plaisait, ou continuer à vivre pauvre. La pauvreté a duré trop longtemps.

« Nous vous recontacterons », conclut-il.

Deux jours plus tard, je porte une cravate et je traîne sans rien faire. Jeff, le directeur régional, revoit avec moi tous les détails du manuel, m'explique chaque étape, et ce que je suis censé apprendre chaque jour. Puis il s'en va et les autres directeurs mettent le manuel à la poubelle. Ils manquent désespérément de personnel et ne veulent qu'un bouche-trou, ils me chargent d'une myriade de basses besognes.

Le premier jour, ma formation de directeur consiste à nettoyer les toilettes et à remplacer les désodoriseurs, puis à aller chercher des alcools à l'autre bout de la ville. Après quoi, je retourne dans la cuisine découper des oignons en rondelles pendant sept heures parce qu'un des aide-cuisiniers ne s'est pas présenté. Le deuxième jour, les serveuses du matin ne viennent pas, et je fais tout leur travail d'ouverture, puis des rondelles d'oignons pendant sept heures. Le responsable de cuisine, qui veut absolument se libérer de quelques charges, essaie de me faire établir la commande de denrées sans m'expliquer comment m'y prendre, et plutôt que de voir le restaurant manquer de tout, je finis par me disputer avec le type. Ensuite, Marci, la responsable du soir qui menaçait de me virer il y a seulement deux semaines, décide qu'elle ne se sent pas en sécurité pour faire seule la fermeture parce qu'on lui a fait une blague au téléphone dans la journée et qu'elle craint que des cambrioleurs ou des violeurs viennent après la fermeture. J'ai envie de lui dire de tenter sa chance, mais il faut que je me montre professionnel à présent. Je reste au bar trois heures de plus, sans boire, et j'attends, je regarde en boucle les nouvelles sportives pendant que Marci s'occupe de paperasse. Quand je m'en vais, j'ai fait une journée de treize heures.

Je passe le plus clair du mois suivant à nettoyer les sols et à découper des rondelles d'oignon, je travaille plus de soixante-dix heures par semaine. Trente heures de plus qu'avant, pour une moyenne de quatre-vingt-dix dollars de plus après impôts. De plus, je suis devenu un paratonnerre à engueulades. Un soir, les cuisiniers oublient de changer l'huile de friture et nous ouvrons avec de la graisse brûlée. Personne n'a commandé d'huile, alors nous devons faire le service du déjeuner avec des frites noircies. Jeff arrive et constate.

Il hurle : « Vous avez vu cette huile ? » L'époque des poignées de main et des sourires est révolue.

« Oui.

– Vous avez fait quelque chose pour y remédier ?

– Nous serons livrés demain.

– Nom de Dieu, nous avons besoin d'huile aujourd'hui. Qu'est-ce que vous suggérez ? »

Aucune idée. En principe, je suis en formation. Les autres sont censés me montrer ce que je dois faire.

« On ne vous paie pas un tel salaire à flâner. Appelez un autre restaurant et faites-vous prêter de l'huile. »

C'est du bon sens, et pendant que je m'exécute, Jeff vient pester à propos de la salade.

« Nous avons de la salade en train de pourrir au fond du réfrigérateur ! Pourquoi n'assurez-vous pas un roulement ?

– J'ai préparé des rondelles d'oignon.

– Ce n'est pas votre travail. Votre travail est de diriger. Faites préparer les rondelles d'oignon par quelqu'un d'autre ! Je veux que vous surveilliez la qualité de la salade et de l'huile de friture ! » Il sort en tempêtant.

Il vit dans un rêve. Nous sommes à court de personnel. Il croit que nous avons des marmitons qui attendent à la queue leu leu, mourant d'envie de travailler. En réalité, si nous avons trois équipes par semaine pour la préparation, je m'estime heureux. Je retourne aux rondelles d'oignon parce que nous allons bientôt en manquer.

Jeff revient dans la cuisine quelques heures plus tard, il me voit travailler à la table d'acier inoxydable. « Puis-je vous parler une minute ?

– C'est à propos des rondelles d'oignon ?

– Nous devons avoir une conversation. »

Je sais comment elle va se dérouler. J'ôte mon tablier.

« Je reviendrai chercher mon chèque. »

Je rentre chez moi à pied.

Et voilà. J'aurais dû m'en tenir à mon bon petit boulot à neuf dollars de l'heure et m'occuper de mes affaires. Dès que vous vous mettez à grimper, vous cherchez les ennuis. Il n'y a rien là-haut que des gens motivés et ambitieux qui essaient de vous faire assumer une plus grosse part de leur travail pour moins d'argent.

Pour nous autres, le rêve n'a rien à voir avec ça. C'est éviter le cauchemar qui compte. Je marche dans une rue animée pleine de sans-abri et de quasi sans-abri, rappels ambulants et éloquents de ce qui arrive quand tout s'effondre. Il me reste dans les quatre-vingt-dix dollars jusqu'à ma prochaine paie, et ensuite, rien. Qu'est-ce qui me distingue d'eux ? Quatre-vingt-dix dollars.

Un type s'approche et me demande quelques pièces. Je me demande s'il s'en tire mieux que moi, financièrement. À Philadelphie, je me rappelle avoir travaillé un vendredi soir dans un restaurant où un sans-abri mendiait dehors auprès de nos clients. À la fin de la soirée, j'avais gagné soixante-cinq dollars, et lui, soixante-dix. Combien on peut se faire en mendiant? Je n'ai jamais essayé, je devrais peut-être. Vous choisissez vos horaires, vous êtes votre propre patron. N'est-ce pas cela, le rêve américain? Je devrais peut-être devenir spécialiste de l'obtention indépendante de capitaux.

Ce type pue l'alcool et sa peau est aussi tannée qu'une sacoche de selle. Il essaie d'y voir clair et a du mal à tenir debout. Il ne s'en sort sans doute pas mieux que moi, du moins pour le moment. Je lui donne deux dollars et le laisse continuer sa route.

J'ai un copain, Jim, que j'ai connu il y a longtemps en travaillant dans un restaurant. Il vient d'être engagé dans une entreprise nationale de déménagement et conduit un semi-remorque à travers les cinquante États. En rentrant chez moi, je trouve un message de lui sur mon répondeur me disant qu'il a besoin d'un aide. Il n'aurait pas pu mieux tomber.

Jim veut me payer cinq cents dollars par semaine pour l'aider à conduire et charger le camion. Il a eu des problèmes récemment parce que, chaque fois qu'il s'arrête dans une nouvelle ville, l'entreprise pour laquelle il travaille est censée lui fournir des manœuvres pour charger les meubles des clients. En général ils sont stone, bourrés et bons à rien, et ils cassent tout. C'est lui qui paie pour la casse.

Je dois d'abord obtenir un permis poids lourds, ce qui est assez facile. Je descends au bureau qui le délivre et je passe un test rapide. Maintenant, je peux conduire tant que Jim est avec moi. Ensuite je mets toutes mes affaires dans un dépôt. Je dis au revoir à mon colocataire, et je prends un vol pas cher tôt le matin pour Nashville, Tennessee, où Jim m'attend à l'aéroport.

« Salement content de te voir, dit Jim en me serrant la main. C'est bon de pouvoir enfin compter sur quelqu'un ici. » Je ne l'ai pas vu depuis environ un an, mais je le trouve très vieilli. Il a des valises sous les yeux et a attrapé un tic nerveux. Le buveur désinvolte que j'ai connu au restaurant a disparu.

Nous allons dîner dans le centre et Jim me décrit la vie qu'il mène depuis qu'il a été engagé dans l'entreprise de déménagement, il y a sept semaines. Il a parcouru tout le pays : Chicago, Las Vegas, le Texas, la Floride, et le nord de la côte Est. Il n'a pas pu en profiter parce qu'il a passé tout son temps dans son camion ou chez les gens dont il déménageait les meubles. Chaque client a une date particulière d'enlèvement et de livraison fixée par l'entreprise et elle est souvent presque impossible à respecter. Par exemple un enlèvement demain à Nashville, mais comme il y a une livraison le lendemain à Memphis, rien du chargement de Nashville ne peut être placé devant celui de Memphis, sinon il faudrait tout décharger et ça prendrait des heures. Le camion doit être rempli en conséquence. Il apprend sur le tas. Il me raconte des histoires de désastres logistiques successifs.

« J'étais à Las Vegas, et le bureau me dit que le type a quatre tonnes. En fait, il y en avait cinq facile. Les commerciaux de l'entreprise promettent n'importe quoi pour avoir le client. Ils s'en foutent des chauffeurs, ils sont payés au contrat. Alors les commerciaux font toujours des devis trop bas. Le problème, c'est que je n'ai pas la place dans mon camion pour la tonne supplémentaire.

– Qu'est-ce que tu as fait ?

– J'ai refusé le déménagement. Tu peux en refuser deux par an. J'avais donc fait la route de Chicago à Las Vegas pour des prunes. Je suis travailleur indépendant, l'essence est à ma charge.

– Et le client n'a pas eu son déménagement? »

Jim hausse les épaules. « Pas par moi. C'est le problème du commercial. Il n'a qu'à apprendre à faire les devis. »

J'imagine le type prêt pour le déménagement, il a tout bien emballé dans des cartons, il attend le camion, et quand il arrive, le chauffeur voit ce qu'il y a à charger et s'en va.

« Tu dois te bagarrer, me dit Jim. Sinon ils te bouffent tout cru. »

Ils te bouffent tout cru de toute façon.

Le premier jour nous avons un chargement à Nashville, un petit. Une jeune femme qui va se marier quitte son appartement pour une maison à Spokane, Washington. Ensuite nous fonçons à Huntsville, Alabama, où une jeune femme en train de divorcer déménage toutes ses affaires dans un garde-meubles. C'est la vie.

Entre chaque client, nous devons trouver une station de pesage pour déterminer le poids de chaque chargement et établir la facture. La station la plus proche, en l'occurrence, est à près de deux cents kilomètres du dépôt de la dame, l'aller-retour sous une pluie battante nous prend presque toute la journée. Nous finissons à une heure du matin. Nous dormons dans un motel, ce qui nous coûte quarante dollars.

À six heures nous sommes debout et nous roulons à vide vers Topeka, Kansas, que Jim espère atteindre avant la tombée de la nuit. L'indicateur de distances dit que c'est à mille deux cent treize kilomètres, et les chauffeurs ne sont autorisés à conduire que dix heures par jour. Donc, nous devrons soit rouler à une moyenne de cent vingt à l'heure, ce qui est interdit, soit conduire plus de dix heures, ce qui l'est aussi. Jim inscrit dans le livre de bord que nous avons démarré à neuf heures et demie, et c'est encore un autre problème.

Si nous nous faisons contrôler entre six heures et neuf heures et demie, Jim perd son permis parce qu'il conduit en dehors de l'horaire inscrit. Mais si nous nous faisons contrôler à dix heures et que nous nous trouvons à quatre cents kilomètres d'Huntsville nous devrons expliquer à la police de la route comment nous avons fait quatre cents kilomètres en une demi-heure. Mon boulot consiste donc à tenir un livre de bord bidon plein de conneries qui fait croire que nous sommes en règle.

Je n'arrive même pas à attraper le coup. Je dois relever le kilométrage quand nous franchissons les frontières d'États, c'est facile, mais dans le livre de bord bidon les kilométrages doivent être différents. Et si au cours d'un contrôle le flic regarde le compteur et le compare à ce que j'ai noté, un kilométrage que nous n'atteindrons que demain à je ne sais quelle heure, nous sommes baisés. Pas moyen de passer avec succès une inspection soigneuse.

Je le dis à Jim. « Pas moyen que ça marche.

– Essaie toujours.

– Pourquoi ne pas arriver à Topeka demain après-midi ?

– Le bureau a promis qu'on y serait demain matin. »

Les gens aiment avoir affaire à des professionnels. Ils aiment aussi que les magasins aient en stock tout ce dont ils ont besoin. Et ils aiment se dire que les camions sur les routes sont surveillés par quelque autorité supérieure qui vérifie que les véhicules sont sûrs et que les chauffeurs ne s'endorment pas au volant. Et ça n'est tout bonnement pas possible.

Tout le monde veut des légumes frais, du poisson frais, du café frais, des fleurs fraîches. Les entrepôts se démodent. Tout doit être du jour. Les goûts des consommateurs poussent les transports routiers à la précipitation alors que de plus en plus de flics inondent les routes pour obliger les camions à ralentir. Des milliers d'employés nationaux et locaux ont créé des lois et inventé un système de livres de bord, de pesage et de contrôles, et des milliers de camionneurs essaient de le contourner pour gagner leur vie. Pour ne pas avoir à le faire, un chauffeur doit avoir une place en or ou aucune facture à payer.

Le soir tombe et Jim me raconte l'histoire, que j'espère non authentifiée, du chauffeur qui avait dépassé ses dix heures de cinq minutes et s'est fait rentrer dedans par une voiture dont le conducteur était soûl. Le passager de la voiture est mort. Le camionneur a été jugé entièrement responsable de l'accident parce qu'il avait dépassé la limite de dix heures autorisée.

« Alors tiens les livres comme il faut. »

Mes tentatives pour tenir le livre de bord bidon ne tromperaient même pas le flic le plus imbécile, mais ça n'a finalement aucune importance parce qu'un de nos pneus crève en entrant dans le Kansas. Ça nous ralentit suffisamment pour que nous nous retrouvions dans la légalité, autrement dit, nous sommes en retard. Je reste dans la cabine et j'efface sauvagement ce que j'ai écrit jusque-là, puis je griffonne les véritables chiffres. Quand c'est terminé, le livre de bord ressemble au tableau noir d'un savant fou.

« Il va falloir passer la nuit ici », dit Jim découragé. Il a échoué dans sa mission. Il n'a pas tenu son emploi du temps. Je lui fais remarquer que l'emploi du temps est irréaliste et il me regarde comme si je ne comprenais rien à rien. Nous amenons le camion dans le parking d'un motel et Jim attend la dépanneuse pendant que je vais nous prendre une chambre.

Encore quarante dollars. Comme nous sommes deux, nous avons décidé de ne dormir sur la couchette de la cabine que s'il n'y a pas d'autre solution. Nous partageons le prix de la chambre, soit vingt dollars chacun, cent quarante dollars par semaine sur mes cinq cents. Plus la nourriture. Nous devons prendre tous nos repas au resto, je compte donc un minimum de vingt dollars par jour pour manger, ce qui me pompe encore cent quarante dollars. Quand je serai payé, j'aurai des clopinettes, deux cent vingt dollars pour une semaine de soixante-dix heures. Avec les heures supplémentaires, ça fait dans les trois dollars quatre-vingts de l'heure.

Jim entre dans la chambre, accablé. Il transporte les livres de bord et des cartes, il s'assoit à la petite table et vérifie fiévreusement des détails. J'essaie de regarder *New York: police judiciaire.*

Ça l'agace. «Tu pourrais baisser?» Alors je regarde *New York: police judiciaire* sans le son, et ça lui ôte beaucoup d'intérêt parce qu'il y a pas mal de dialogues. Au bout de cinq minutes il lève le nez et me dit: «On devra partir à cinq heures du matin.

– Pourquoi?

– Pour tenir notre horaire.» Là, je m'énerve.

«Cet horaire, c'est une idée de types dans un bureau du Texas, à Beaumont. Tu n'as qu'à les appeler demain pour leur dire que nous sommes en retard parce que nous avons perdu un pneu.

– Nous devons tenir notre horaire.

– Alors appelle le client et dis-lui que nous arriverons plus tard.

– On est censé arriver à sept heures. On y sera à sept heures.»

Et nous arrivons effectivement à sept heures.

Quand nous nous arrêtons devant la maison, Jim me dit sur le ton du gourou: «Quand tu veux vraiment, tu peux.» Il pense que je manque de motivation, de cette flamme dans le ventre qui vous fait désirer atteindre des objectifs. C'est vrai, je pense que les objectifs ne veulent rien dire.

Je descends du camion, j'entre dans la maison, et je regarde autour de moi. C'est une belle maison, moquette blanche immaculée, plafonds cathédrale, huisseries en érable. Le mobilier aussi est de qualité, tout en acajou ou en cerisier. La cuisine est digne d'un restaurant. Mais je remarque autre chose.

Les gens se préparent différemment pour un déménagement. Dans un bon scénario, les cartons sont fermés et marqués, les tiroirs sont vides, les télévisions ont été débranchées, les lits sont dénudés. Dans un mauvais scénario, comme ici, on dirait que c'était votre idée de venir faire déménager les clients, que le semi-remorque là-devant les a pris par surprise. Les télévisions sont branchées, il y a encore des plantes et des objets partout, les livres sont encore sur les étagères et les lits sont faits. Rien n'a été préparé.

J'ouvre le réfrigérateur. Il est plein. J'ouvre la porte de l'office. C'est plein.

Une jolie femme d'une quarantaine d'années en pantalon de jogging et T-shirt entre et regarde autour d'elle d'un air penaud en disant: «J'en ai fait beaucoup hier soir.»

Je hoche la tête. Beaucoup de quoi? Je l'imagine en train d'emballer deux ou trois trucs et de laisser tomber le ruban adhésif en voyant que ce sera long, pour marmonner finalement: «Les déménageurs s'en occuperont. » À nous d'emballer, de défaire les lits, décrocher ses tableaux, débrancher ses télés. Certaines personnes n'ont aucun goût pour les travaux manuels quels qu'ils soient, notamment quand ils ont assez d'argent pour payer quelqu'un d'autre à les faire.

C'est plus facile d'emballer que de transporter, mais il y a une telle quantité d'objets inutiles dans cette maison que ça va nous prendre toute la journée avant que nous puissions commencer à charger le camion. Jim appelle le bureau et fait modifier le devis, la femme devra payer environ mille dollars de plus pour l'imprévu. Elle hausse les épaules. Pour elle, ce n'est que de l'argent, et du moment qu'elle n'a rien à faire...

Je commence à envelopper ses babioles dans du papier, trois ou quatre couches de papier d'emballage épais autour de chacune, le cauchemar d'un écologiste. Chaque carton d'un mètre cube contient à peine une poignée des petits objets en verre dont elle a tapissé sa maison. C'est ainsi qu'il faut procéder car maintenant que nous lui facturons l'emballage nous sommes responsables de la casse. L'inventaire prend encore plus de temps. Chaque télécommande, chaque boîte de daphnies séchées, chaque caillou d'aquarium et chaque minuteur à œuf que nous fourrons dans un carton doit être répertorié afin de protéger la dame contre un vol de notre part. Naturellement, comme je suis chargé à la fois de l'inventaire et de l'emballage, si j'ai envie de voler quelque chose il suffit que je ne l'inscrive pas, mais ça ne fait rien. Comme la plupart des services que proposent les entreprises, ce n'est qu'une astuce de marketing destinée à rassurer le client.

Pendant que nous travaillons Jim et moi, la femme se met à nous raconter sa vie. Elle déménage la veille du retour de son mari en voyage d'affaires parce qu'elle vient de découvrir qu'il a abusé de sa fille quand celle-ci était petite. La fille l'a confié à la mère après une séance de thérapie particulièrement éprouvante et la femme a décidé d'organiser un déménagement en l'absence du mari. Cet homme va revenir d'un voyage d'affaires pour trouver une maison vide, et il recevra dans la semaine un paquet de papiers juridiques.

Ça me paraît bien personnel pour qu'elle en parle à des déménageurs, mais Jim et moi nous contentons de hocher la tête en continuant à faire notre boulot. Elle nous donne davantage de détails horribles sur sa vie et son mariage tordu. Elle dit qu'elle est fille d'agriculteur d'un des coins les plus pauvres du Kansas et qu'elle a connu son mari à l'université, où elle avait obtenu une bourse pour avoir gagné un concours de beauté. Mais, tout comme le coupable dans un interrogatoire pour meurtre, elle ne sait pas s'arrêter à temps et des bribes d'informations émergent qui racontent petit à petit une tout autre histoire.

On dirait bien que son mari n'a conclu que récemment une affaire qui fait de lui un des hommes les plus riches de la ville. Ça coïncide avec la révélation « soudaine » de ses actes et avec le divorce. À présent que cet homme a quelque chose qui mérite qu'on en réclame la moitié, tous les squelettes sortent soudain du placard. Cette femme est intelligente, astucieuse. Depuis qu'elle a rencontré l'homme à l'université elle attendait ce jour précis, cette occasion soigneusement préparée. Aujourd'hui, grâce à Jim et moi, et à cet excellent service de déménagement, elle peut être la riche mère de famille qu'elle rêvait sûrement de devenir depuis l'époque où de la camionnette de son papa elle contemplait les nanties de la ville.

Je suppose que c'est une façon de sortir de la pauvreté. Ça fait de nous les chauffeurs qui assurent la fuite après un casse.

Nous emballons pendant dix heures avant de commencer seulement à charger. Quand nous attaquons les meubles il fait déjà nuit noire et nous devons passer quarante minutes à accrocher des torches dans le camion pour y voir quelque chose. À deux heures du matin nous ne nous soucions plus des affaires de cette femme et elle non plus. Nous balançons une tondeuse à gazon contre une télé, nous posons une glace en équilibre sur un tas de râteaux. Il n'y a presque plus de place dans le camion et nous avons encore une pile de cartons et diverses cochonneries du garage à faire entrer. Certains cartons sont tellement coincés qu'ils se déforment, et j'entends quelques craquements de verre brisé. Nous fourrons ce que nous pouvons dans la caisse en métal sous le camion destinée à transporter les rampes de chargement. Les tout derniers cartons vont sur la couchette, avec de la corde, quelques petites lampes et des outils de jardinage.

Nous terminons à trois heures et demie. Elle signe nos papiers, nous fait au revoir de la main et ferme la porte. Pas de pourboire.

Nous venons de travailler vingt-quatre heures après cinq heures de sommeil. Selon notre feuille de route, nous devrions être dans le Colorado, sur la route de Spokane. Même Jim commence à reconnaître que nous ne pouvons pas gagner cette bataille.

« Je ne pense pas pouvoir tenir comme ça sans dormir un bon coup », me dit-il les yeux rougis, comme les miens. Contrairement à moi, il a encore une heure de paperasserie avant de pouvoir dormir dans le premier motel que nous trouverons et où les semi-remorques seront admis. « On va passer la journée à Boulder, et se reposer.

– Ça me va.

– Qu'ils aillent se faire mettre, je me fous de ce qu'ils vont dire. » Sous-entendu, la direction.

« C'est un horaire impossible à tenir.

– Ils me tuent.

– Je sais. »

Nous crevons de nouveau.

Heureusement, il y a une aire de repos à environ un kilomètre et demi, et nous nous traînons jusque-là.

Nous sommes trop épuisés pour pester ou nous plaindre, tout ce que nous voulons c'est dormir. C'est impossible parce que la couchette est bourrée de cartons, de lampes et de râteaux. J'essaie de faire assez de place pour m'étendre en poussant tout sur le siège du passager, le fond d'un carton s'ouvre et déverse des souvenirs de la dame dans toute la cabine. Nous nous regardons et nous convenons tacitement d'attendre le lendemain pour y penser. Je pousse encore quelques cartons et me fais assez de place pour une position à moitié confortable.

Jim, qui est beaucoup plus petit que moi, réussit à poser une planche en travers et s'étend en bas. Un râteau coincé par les cartons que j'ai envoyé promener lui entre dans le dos. Irrité, Jim lui flanque un coup de pied qui le casse en une douzaine de morceaux. Il ramasse les morceaux, ouvre la porte et les jette dehors.

Puis il claque la porte. Je me tords de rire.

« Qu'est-ce qu'il y a de si drôle ? »

Je ris tellement que j'ai du mal à respirer. « Tu... tu viens... de casser... le râteau de la dame. » Après quinze heures d'effort extrême pour traiter ses objets avec précaution et professionnalisme, après avoir enveloppé chaque babiole dans deux, trois épaisseurs de papier, nous cognons, nous balançons et nous détruisons tout ce qui nous gêne.

Jim se met à pouffer lui aussi.

« Espérons qu'elle ne passera pas par ici. »

Je dors très bien, et je me lève le matin en constatant que ce sont des photos de mannequin qui jonchent la cabine. Des photos de la femme qui datent de dix et quinze ans, en bikini, en tenue de ski, en sous-vêtements, et même quelques nus. Nous les regardons avec des oh et des ah et en buvant du café du distributeur pendant que nous attendons la dépanneuse.

« C'était une belle femme, dit Jim en admirant les photos sous divers angles.

– Elle l'est toujours.

– La baise lui aura finalement rapporté beaucoup de fric.

– Dieu la bénisse. J'en ferais autant si je pouvais.

– Vraiment ? »

Je me pose la question. Elle est purement théorique. Jamais je n'ai rencontré de femme riche avec qui je me sois assez bien entendu pour qu'elle me fasse une proposition pareille. Je décide que c'est probablement non.

« Je suppose que si j'avais voulu, je l'aurais probablement déjà fait.

– Ouais, fait Jim en reposant les photos. Je pourrais vivre aux crochets d'une fille riche pendant quelques semaines, mais j'aurais besoin de liberté. De ça. » Il contemple le parking de l'aire de repos comme si c'était le nirvana. « Ici, personne m'embête. »

Erreur. Il y a dans le camion un dispositif appelé un Omnitrax, qui est relié par satellite au siège de l'entreprise, et un récepteur du satellite dans le toit du camion. L'entreprise peut connaître à tout moment par triangulation notre position exacte. En principe, c'est un dispositif d'urgence, au cas où nous tomberions en panne dans une congère, mais il sert avant tout à empêcher les chauffeurs de mentir sur leur position pour pouvoir se reposer. Par exemple, un chauffeur qui veut dormir ne peut pas dire : « Salut, je suis à quatre cents kilomètres de Seattle, j'y serai demain », alors qu'il est sur un parking à Seattle après avoir roulé trop vite toute la nuit précédente. Il leur suffit d'appuyer sur un bouton pour voir apparaître son signal sur un écran indiquant Seattle, et de le virer dès qu'il aura déchargé.

L'Omnitrax permet aussi de taper et de recevoir des messages, autrement dit, le siège peut communiquer avec nous quand bon lui semble. On nous notifie périodiquement que des articles que nous venons de livrer sont ébréchés ou rayés et que ça viendra en déduction de la paie de Jim. Jim est responsable de tout. C'est un travailleur indépendant, mais être « indépendant » de nos jours, ça signifie que personne ne paie pour votre assurance-maladie.

Nous allons revoir la dame à Denver quand nous lui livrerons ses affaires, et Jim craint que j'aie un sourire narquois ou que je la regarde d'un air entendu parce que nous avons vu des photos d'elle nue. Je lui dis de ne pas être inquiet, mais je sais qu'il le sera quand même.

Nous arrivons à Denver, nous déchargeons ses affaires dans un dépôt avant même qu'elle se montre, nous faisons signer le reçu par le gardien et Jim appelle le bureau pour dire que nous prenons notre journée. C'est aussi facile que ça. « Vous avez rudement travaillé », lui dit-on. Quelqu'un là-bas est un être humain, un objet rare par les temps qui courent. Nous traînons toute la journée dans une ville universitaire pittoresque, nous regardons les filles et nous cherchons un endroit assez classieux pour nous soûler la gueule.

Le lendemain, je me réveille et je me balade encore, je tombe sur un homme à qui il manque une main et qui essaie de monter un starter sur sa voiture. Il me demande de l'aide et je passe un long moment à essayer de le mettre en place en rampant dans l'huile sous le véhicule. Au bout d'une heure on a réussi et il démarre. Il a maintenant une voiture qui marche, et j'apprécie combien la vie est belle quand on a ses deux mains. Je retourne au camion d'excellente humeur.

Jim s'est réveillé avec la gueule de bois et mon attitude positive et détendue est contagieuse. «Restons ici un jour de plus», dit-il. On s'est bien amusés hier soir dans les bars, et les montagnes ont l'air paisible. «Je vais prendre une suite dans le meilleur hôtel de la ville. C'est moi qui paie.»

L'offre est alléchante. Pourquoi discuter? «Tu peux te le permettre?

– J'ai une carte de crédit.

– Je ne veux pas que tu gaspilles ton argent.

– J'en ai envie. Je pense que nous devrions passer du bon temps ici, au moins pendant que nous le pouvons. Je suis content que tu sois venu.

– Merci.» Je me sens flatté.

Il prend donc une suite dans le meilleur hôtel de Boulder, Colorado, qui dispose d'un parking assez grand pour recevoir un semi-remorque. Nous avons chacun notre chambre avec télé, four à micro-ondes et toilettes. J'aime bien Jim, mais vivre ensemble sans aucun espace personnel pendant deux semaines crée des tensions dans n'importe quelle relation. Je peux utiliser la télécommande pendant une ou deux heures sans qu'on me l'arrache des mains. Je regarde *New York: police judiciaire* avec le son. Un délice.

Voilà tout ce que nous faisons de notre journée sans travail – dormir, nous reposer, changer de chaîne, aller aux toilettes. Il y a un restaurant minable à quinze mètres et nous nous y traînons quand la faim nous prend. Puis la nuit tombe. Nous nous endormons. Ensuite il fait jour. Nous reprenons la route.

Nous roulons vers Seattle, et dans le Wyoming Jim me laisse conduire parce que c'est un désert. On n'y trouve ni arbres ni êtres humains, gros avantage pour un chauffeur de semi-remorque débutant. Vous ne risquez de rentrer dans rien si vous quittez la route. Nous ne croisons d'autres véhicules que toutes les vingt minutes environ. Jim me donne des indications et je m'aperçois qu'il a un don pour enseigner. Je lui demande :

« Tu n'as jamais voulu être prof ?

– Si. Après avoir quitté l'armée, je l'ai envisagé.

– Qu'est-ce qui s'est passé ?

– Mon colocataire était prof. Il gagnait dans les huit dollars de l'heure. J'étais serveur et je devais toujours lui prêter de l'argent. Ce type avait étudié pendant quatre ans pour pouvoir emprunter de l'argent à un serveur.

– Où est-ce qu'il en est maintenant ?

– Il enseigne toujours. Il adore ça. Mais il a dû retourner habiter chez ses parents. Moi aussi j'aimerais enseigner, mais je ne pense pas que mes parents me laisseraient me réinstaller chez eux. Rétrograde.

– Quoi ?

– Nous arrivons à une côte. Tu dois rétrograder. »

J'arrive à le faire sans que la boîte de vitesses proteste. J'attrape le coup de main. Une ou deux heures plus tard nous atteignons Sheridan, mais je ne me sens pas assez sûr de moi pour garer le camion.

« Demain nous serons dans l'Idaho, me dit Jim. À partir de maintenant, je conduis. »

Le lendemain, dans l'Idaho, je vois ce qui arrive quand les routiers en font trop. Nous descendons une pente à sept pour cent qui dure des kilomètres, et je vois des secouristes tirer un semi-remorque d'un ravin. Sur ces pentes venteuses et ces routes sombres, les freins qui lâchent en ont tué plus d'un. Quelques kilomètres plus loin, un autre accident, visiblement fatal. Je me demande quelle est la dernière chose à laquelle ils ont pensé quand ils ont quitté la route. L'argent qu'ils gagnaient? Leur livre de bord? Leur femme et leurs enfants? Puis tout a tourné à la terreur pure et simple.

La nuit tombe et il se met à neiger. Je regarde un moment à travers la vitre, je vois les nuages de gouttelettes que produit le camion devant nous. S'il y a une plaque de verglas, ce type sera dessus avant nous, nous serons prévenus. Jim ne paraît pas soucieux. Il regarde droit devant, avec ses lunettes de soleil.

« Il fait presque nuit. Tu verrais peut-être mieux sans tes lunettes noires. »

Il se tourne vers moi et hoche la tête. « Je les enlèverai dans un moment. »

Je me tiens tranquille. Le vrombissement du diesel et le chuintement des pneus sur l'asphalte humide me donnent sommeil.

« Si je m'endors, tu resteras éveillé, hein ? »

Jim rit. On se crashera ou pas. De toute façon, je n'y serai pour rien. Je grimpe sur la couchette et je m'assoupis.

Nous faisons notre dernier déchargement à Seattle, et le camion est vide. Nous attendons les prochaines instructions de l'Omnitrax.

Rien. Jim téléphone au bureau central et nous apprenons que personne ne déménage de Seattle pendant au moins deux jours. Ça signifie que nous sommes libres, ce qui est toujours agréable, mais que nous n'allons rien gagner pendant quelque temps.

Je ne représente plus une aide pour Jim. Je suis une bouche à nourrir. Quand je fais une semaine de soixante-dix heures, il peut me payer cinq cents dollars sans problème, mais si je reste assis sur mon lit dans un motel de la nationale 5, je suis un mauvais investissement. À ce train-là, je pourrais rapidement lui vider son compte en banque.

Je lui demande de ne pas me payer, de me prêter seulement de l'argent jusqu'à ce que nous ayons de nouveau du travail, mais il insiste. Puis il examine de nouveau ses relevés et il attrape une suée. Il téléphone encore une fois au bureau et on lui dit qu'il n'y a aucun chargement à Seattle, mais qu'il sera tenu au courant dès que quelque chose se présentera. Nous prenons la note pour quatre jours au motel, près de deux cents dollars. *Pfuitt,* tout ce qui restait de la paie pour un des déménagements part en fumée. La réalité non-dite s'impose. Si je n'étais pas là, Jim n'aurait pas besoin de loger dans un motel, il pourrait dormir dans sa couchette et prendre une douche pour cinq dollars par jour dans un relais pour routiers.

Le cinquième jour je dis à Jim que je vais faire un tour en ville. Je flâne dans le centre de Seattle, une ville si progressiste dans sa manière de traiter les sans-abri qu'ils s'y sont rués de tous les coins de l'Ouest. Ils me harcèlent à l'arrêt du bus, à l'épicerie où j'achète un sandwich et dans la rue. Ils sont partout. Si Jim s'en allait avant que je le rejoigne, je serais l'un d'eux.

Je me dirige vers Rayford Seafoods, qui m'a trouvé du travail en Alaska quand j'étais à l'université. C'est un bureau délabré qui ne laisse rien deviner des énormes profits des entreprises de pêche.

Je demande à la fille derrière le comptoir si on embauche des préparateurs.

Elle me tend un formulaire sans un mot. Je le remplis,

les conneries habituelles. Mes passe-temps, où je suis allé à l'école. Je réponds « masturbation compulsive » et « la Lune », et personne ne remarque rien.

Elle pose le formulaire sur une pile sans le lire. « L'avion pour Dutch Harbor décolle demain matin. Vous pouvez faire un contrôle anti-drogue cet après-midi à trois heures ? » J'en conclus que je suis engagé.

Ils n'exigeront rien d'autre. C'est ça, le travail en Alaska. Ils s'en foutent. Ils vous paient le voyage aller, mais si vous n'allez pas au bout de votre contrat, ils ne vous paieront pas le retour. Ils vous laisseront crever dans la neige plutôt que de vous permettre d'approcher de l'avion. Peu leur importe que vous soyez recherché dans cinq États, que vous ayez abandonné vos trente derniers emplois, que vous soyez sans-abri, alcoolique ou n'importe quoi. Grimpez dans l'avion pour Dutch Harbor et montrez-leur ce que vous avez dans le ventre, sinon, vous êtes un homme mort. Apparemment, c'est important pour eux que vous ayez fumé de l'herbe récemment, ou du moins ils font semblant, et la fille me donne une adresse où aller pisser dans un verre.

Le contrôle anti-drogue, c'est hilarant, c'est la dernière bataille dans la folle relation d'amour-haine de l'Amérique avec les drogues. Je préférerais résolument qu'un pilote ou un chirurgien ne soit pas shooté à quoi que ce soit, mais les contrôler tous les six mois ne prouvera rien, ou alors qu'ils ont fumé quelque chose six semaines plus tôt en vacances. Je suis sûr que les effets ont disparu quand ils s'installent dans le cockpit ou qu'ils mettent leurs gants de chirurgie, ce qui veut dire que le contrôle lui-même est fondamentalement dépourvu de sens.

Ce contrôle ne sert qu'à remplir d'effroi le cœur des caissiers de banque, des emballeurs de viande, des travailleurs à la chaîne, des employés de bureau, des joueurs de football et des ouvriers des pêcheries. C'est un grand éliminateur. Les mots « NOUS EFFECTUONS DES CONTRÔLES ANTI-DROGUE » tendent à écarter la racaille, ceux qui savent qu'ils ne réussiront pas. À ceux-là, je donne un conseil, essayez quand même, ils jettent probablement votre pisse dans les toilettes et vous disent que vous avez réussi ou pas selon que oui ou non votre tête leur revient. Il m'est arrivé de fumer un joint sur le chemin d'un contrôle que j'ai passé avec succès, et de ne pas en réussir un autre alors que j'étais clean depuis des mois.

Un bus me mène à la « clinique », une baraque avec une table d'examen et des toilettes. Ces gens-là ne regardent pas à la dépense dans la guerre contre la drogue. Ils engagent les gens qui franchissent la porte sans lire leurs candidatures, alors quelle peut être la sévérité de cette sélection ? Le travail en Alaska c'est comme la fac de droit. On accepte n'importe qui, l'écrémage se fait plus tard.

Pendant que nous attendons dans l'entrée que le bus nous ramène dans le centre, une fille demande anxieusement quand nous aurons les résultats. C'est toujours génial. Pourquoi ne demande-t-elle pas simplement : « Dites, quand est-ce que je saurai si ces gélules aux herbes marchent vraiment ? » La réceptionniste lui répond qu'on ne nous laissera pas prendre l'avion si nous n'avons pas réussi. Je suis sûr qu'on a déjà tiré la chasse sur notre pisse.

Pour ma part, j'ai passé tellement de temps dernièrement avec Jim, qui ne prend pas de drogues parce que son entreprise effectue des contrôles impromptus, que je suis clean de toute façon. Plus important encore, j'ai été poli avec tout le monde. Je sais que je réussirai.

Je retourne sur la route annoncer à Jim que je viens de m'engager avec une entreprise de pêche et que je prends l'avion demain matin pour l'Alaska.

« Tu n'étais pas obligé de faire ça », dit-il. Le soulagement de me voir disparaître illumine son regard. Il va pouvoir quitter le motel, remettre toutes ses affaires dans sa couchette et vivre dans un parking. Son avenir vient de s'éclairer. Chaque nouvelle journée sans travail ne le plongera plus forcément dans la panique.

Il me dit : « Je te remercie de m'avoir aidé.

– C'est moi. »

Nous nous serrons la main, nous nous souhaitons bonne chance. Je me rends à l'auberge de jeunesse de Seattle, il me reste à peu près vingt dollars en poche. Quand je sors en dépenser la moitié pour des bières, les sans-abri me poursuivent.

Cinq heures plus tard je suis à l'aéroport.

DANS LA GADOUE

Le site de Rayford Seafoods à Dutch Harbor est un bâtiment de débarquement de chars désaffecté de la Seconde Guerre mondiale, ancré dans la baie glaciale d'Iliulink. Le bâtiment, conçu pour le transport de soldats, a été converti en bateau de traitement du crabe. Les pêcheurs livrent leur prise fraîche au bateau qui pompe à bord les crabes encore vivants. Là, les préparateurs, dont je suis, leur arrachent les pattes ou les vident au jet. Puis la chair est mise en caisses, surgelée, et vendue aux Japonais.

Tous les crabes pris dans ces eaux partent droit vers le Japon parce que les Américains ne veulent pas payer cher pour du crabe frais. Des acheteurs japonais nous tournent autour pendant que nous travaillons, ils nous attrapent le bras pour que nous ne tirions pas trop fort sur les pattes et nous montrent comment ne pas abîmer la chair. Ils sont toujours violents et grossiers. Parfois, après une brève séance de directives de la part de l'un d'eux, des ouvriers crachent ou se mouchent sur la chair avant de l'expédier dans le congélateur.

Nous travaillons dans un immense entrepôt, l'ancienne cale du navire. Partout, des fenêtres et des portes ouvertes laissent entrer l'air froid et humide de novembre. Nous nous recroquevillons. De l'eau de mer vole elle aussi partout et la vapeur qui s'échappe des tonnes de pattes de crabes que nous jetons dans des cuves bouillantes a une odeur âcre infecte qui colle à nos vêtements et à nos cheveux. À cause de l'humidité et de l'odeur, nous portons des combinaisons en plastique.

Comme les postes sont de seize heures, une minuscule piqûre d'épingle dans votre combinaison peut laisser pénétrer assez d'eau pour que vous soyez complètement trempé à mi-poste. Travailler mouillé, c'est l'enfer. Les vêtements vous irritent la peau, vous avez froid, et vous êtes de plus en plus trempé. À la fin, quand vous vous déshabillez, cette même piqûre d'épingle a pu permettre à l'eau de remplir complètement vos bottes. Alors nous essayons d'éviter autant que possible les piqûres.

J'ai débarqué de Seattle ce matin et je viens de terminer mon premier poste. Il n'y a pas eu d'entretien d'orientation, pas de cérémonie. Les crabes arrivent et Rayford Seafoods ne plaisante pas.

Pendant que j'enlève ma combinaison, un Philippin en colère fouille à côté de moi parmi les couches de plastique jaune et orange à la recherche de la combinaison de quelqu'un d'autre. Nos noms sont écrits dessus au marqueur noir. Il trouve ce qu'il cherchait, jette un regard rapide autour de lui et donne plusieurs coups d'épingle dans la combinaison. Puis il jette l'épingle et sort sans me regarder.

Quelqu'un l'a énervé. C'est une bagarre qui ne me regarde pas. Je veux dormir. Je suspends ma combinaison à un crochet et je monte aux dortoirs.

Ils me font penser aux camps de prisonniers en Allemagne que j'ai vus dans les films, sauf que dans *Stalag 17* il n'y avait pas deux centimètres d'eau par terre en permanence. Et ils avaient des fenêtres, tandis que nous sommes sous le pont. Impossible de vous changer sans éclabousser vos jambes de pantalon et vous tremper les pieds, et quand les lumières sont éteintes, c'est-à-dire quand quelqu'un dort, il fait plus noir que dans une mine de charbon. Et comme nous faisons un travail posté, il y a toujours quelqu'un qui dort.

Le premier matin, j'oublie qu'il y a de l'eau, j'enfile ma dernière paire de chaussettes sèches sur ma couchette, et je les mouille à la seconde où je mets les pieds par terre. J'avance ensuite à l'aveuglette vers le rai de lumière qui brille sous la porte du passage, de la coursive ou de quel que soit le nom qu'on donne à un couloir sur un bateau et je me cogne un genou. Je passe ma deuxième journée debout devant le tapis roulant avec un genou gonflé et les pieds mouillés pendant seize heures.

Mes compagnons de chambrée sont un type du Ku Klux Klan de Seattle qui a dix-neuf ans, un noir musclé et un blanc, Jeff, qui aime bien mettre la pagaille. Ils ont tous une arme. Après ma deuxième journée je titube jusqu'à ma couchette pour trouver Hale, le Noir, en train de nettoyer un pistolet. Billy, le type du Klan, est en train de dormir et Jeff, assis sur sa couchette, aiguise un couteau de chasse. Billy a tiré le rideau de sa couchette. Jeff fait semblant de lancer son couteau dans la couchette de Billy, et Hale pointe son pistolet dessus en articulant silencieusement : « Bang ! » Ils échangent un sourire.

« Comment ça s'est passé ? me demande Hale pendant que j'ôte mon pantalon sur ma couchette.

– C'est fini.

– Ça te plaît de massacrer des crabes ?

– Pas des masses.

– Tu es costaud. On a d'autres boulots ici.

– Quel genre ?

– Charger des caisses à l'expédition. » L'expédition est un travail de rêve comparé à presque tout ce que propose l'Alaska. C'est fatigant, mais je préfère de loin ça à rester debout sans bouger et à la monotonie du travail sur le tapis roulant. Surtout, on est au sec. Le crabe est déjà en caisse quand il arrive à l'expédition. L'équipe de l'expédition le charge dans des congélateurs ou, mieux encore, sur un cargo japonais, ce qui veut dire travailler dehors. Je ne suis ici que depuis deux jours et je croyais que les boulots de l'expédition revenaient à ceux qui travaillent ici depuis des mois ou même des années.

« Tu veux travailler à l'expédition ? me demande Hale.

– Tu parles !

– Je suis responsable du personnel de pont. J'en parlerai à Rick demain. »

Le lendemain, à la chaîne, la Philippine à côté de moi me sourit et me demande : « Comment tu t'appelles ? »

Je lui réponds et nous bavardons un moment tout en emballant le crabe. Elle est en Amérique depuis six mois et essaie d'apprendre l'anglais, elle me demande de lui apprendre quelques mots. Une conversation, même baragouinée, fait paraître le temps moins long. À la pause déjeuner je monte à la cantine et je m'assois à la table des Américains, qui est assez petite. La femme passe et me sourit.

« Tu as intérêt à faire gaffe, me dit un type. Ne lui parle pas. » Je le connais sous le nom de Mike, c'est un gros ours barbu, un camionneur de Seattle à qui on a retiré son permis pour conduite en état d'ivresse. Il est ici pour un an, jusqu'à ce qu'il le récupère.

« Pourquoi ?

– Son mari est dingue. Il travaille aussi au tapis roulant. Il te fera des trous dans ta combinaison s'il te voit parler avec elle.

– Rien que parler ?

– Rien que parler. La semaine dernière je lui ai appris

un peu d'anglais, et quand je suis revenu de la pause j'ai trouvé ma combinaison toute percée. Ça n'est qu'une hypothèse, mais je crois bien que c'est lui. »

Un Philippin passe et me regarde, celui que j'ai vu faire des trous dans une combinaison mon premier soir sur le bateau. Je fais un signe de tête à Mike.

« Lui ?

– Oui.

– Alors il a bien percé des trous dans ta combinaison. Je l'ai vu faire. »

Mike se fâche. « Pourquoi tu as rien dit, bordel ?

– À qui ? Je descendais à peine de l'avion. Je ne savais pas où je mettais les pieds. »

Il hausse les épaules. « Je te garantis qu'en reprenant le travail après le déjeuner tu trouveras ta combinaison percée.

– On lui met une raclée.

– Ça marche. »

Je reviens de déjeuner et, comme prévu, ma combinaison a une dizaine de trous. Nous nous habillons tous pour retourner au tapis roulant et le petit Philippin passe devant moi sans un mot. Pendant que tout le monde met sa combinaison autour de moi, je m'attarde et je le frappe à la tête. Il tombe en avant, puis se relève, enragé. Au moment où il va charger, Mike l'attrape par-derrière. On dirait une belle chorégraphie, mais tout est spontané. Mike le tient et je lui rentre dedans, je le bourre de coups dans les côtes et à la figure pendant cinq secondes, puis j'arrête, Mike le lâche, il tombe, et nous l'enjambons tous les deux.

En m'éloignant, je remarque un groupe de Philippins qui ont été trop surpris par la rapidité de l'incident pour intervenir. Je sens leur regard sur moi.

Je me remets à remplir des caisses. Cette fois, j'ai un Américain de chaque côté. Quelqu'un me tape sur l'épaule. C'est Rick, le responsable du tapis roulant.

« Enlève ta combinaison, prends un manteau et monte. Va aider au chargement. »

Je pars aussitôt. Je me débarrasse de mes gants, de ma combinaison percée, de mes bottes, de toutes les saletés en plastique et en caoutchouc qu'on m'a données à ma descente d'avion, et qui ont été déduites de ma première paie. Je lance les gants dans un grand container pour les gants. La combinaison va à la poubelle. En m'en allant, je sens que les Philippins me surveillent toujours.

Sur le pont l'air est frais et on n'entend aucun des bruits de l'usine – compresseurs frigorifiques, élévateurs de palettes, vrombissement constant des monte-charges hydrauliques. Je suis surpris de voir que c'est une belle journée. Quand on travaille dans la cale et qu'on dort sous le pont, on peut passer des jours sans voir la lumière du soleil. Nous avons le droit de quitter le bateau quand nous ne sommes pas en service, mais personne n'en a vraiment la force. Direct à la cantine, et ensuite, direct au lit.

Hale et Jeff m'accueillent à l'avant. « Quoi de neuf, mec ?

– Pas grand-chose. Et ici ?

– On fait une pause. » Hale rigole. Jeff et lui sont restés assis sur des cordages à écouter la rumeur de la baie et le bruit qui filtre de l'intérieur. « Reste un moment avec nous. »

Je m'assois sur une pile de caisses et je regarde la baie, des centaines de mouettes volent autour de nous et pêchent les déchets de crabe.

«Vise un peu les mouettes», dit Hale en tendant le doigt. J'observe une troupe de mouettes qui flottent à la surface de l'eau et picorent des détritus avec un mouvement vif de la tête. Je ne suis pas sûr de ce que j'attends. Soudain, une otarie surgit sans bruit, en saisit une, et replonge avant que je ne comprenne vraiment ce que j'ai vu.

Je m'exclame.

Hale et Jeff sont tout excités. «C'est pas super? La salope a dû déjà en bouffer une dizaine. Et les mouettes, elles bronchent pas, elles encaissent.»

Les autres sont au-dessous, en sueur, exaspérés, prêts à s'entretuer, pataugeant dans l'eau, à respirer des vapeurs de crabe pendant que ces deux rigolos traînent sur le pont et observent la vie sauvage. «C'est ce que vous faites toute la journée?

– Non, mec. On va bosser dans un moment. On doit charger ce cargo.» Hale m'indique un antique rafiot coréen rouillé qui s'arrête à côté de nous. «Tu veux nous donner un coup de main?

– Bien sûr.

– On sera prêts à y aller dans une heure à peu près. En attendant, reste dans le coin.»

Je traîne sur le pont et je commence à me sentir coupable. Ces types sont là-dessous, ils attendent désespérément une pause, leurs pieds sont trempés, ils ont les genoux brisés de rester immobiles pendant des heures d'affilée. De quel droit y ai-je échappé? Qui sont ces deux-là pour ne l'avoir jamais subi? La femme philippine à qui j'ai parlé avant le déjeuner ira au bout de son contrat sans jamais profiter d'un poste facile. Elle ne parle pas bien l'anglais et elle n'est pas assez forte pour travailler à l'expédition.

Mais pour l'instant c'est délicieux d'être au sec et en haut. Je m'adosse au cordage, aussi confortable qu'un hamac, et je commence à somnoler. Sur mon temps de travail.

Ils me réveillent au bout d'une heure ou deux et nous nous mettons à charger. Les piles de palettes de crabe frais, surgelé et mis en caisses arrivent sur le pont par un monte-charge hydraulique. Là, j'attache une corde autour de la palette, et je l'accroche à la grue du cargo coréen. Elle est transférée sur son pont, où elle est décrochée, et la grue revient. Dix ou vingt Coréens déchargent la palette et rangent les caisses en cale.

Tout mon boulot consiste à accrocher la corde et à lever les pouces vers le grutier coréen. Je dois aussi m'assurer que nous n'allons pas trop vite et que nous ne déposons pas trop de palettes sur le cargo avant qu'ils puissent les décharger. Je m'occupe en priorité du rythme du transbordement. C'est assez facile. La journée est humide et venteuse, mais la beauté du paysage et les montagnes arides et sévères qui surplombent Dutch Harbor font que c'est un plaisir de rester dehors.

La nuit tombe vers quatre heures de l'après-midi et nous travaillons jusque bien après minuit. Quand la cale du cargo coréen est pleine, les matelots viennent nous inviter à visiter leur bateau. C'est apparemment un geste de courtoisie. J'apprends que tous les chargements sont suivis d'une visite rapide. Je me promène un moment sur un bateau à côté duquel le nôtre ressemble au *Queen Mary*. Leurs quartiers sont plus exigus et plus inconfortables que tout ce qu'on peut imaginer, tout est rouillé. Dans leur infirmerie j'ai un aperçu de l'équipement chirurgical coréen de pointe : un couteau rouillé suspendu à une ficelle. Puis les matelots nous proposent des boissons gazeuses tièdes, que nous acceptons parce que les bouteilles de Coca coréen non ouvertes sont recherchées par les collectionneurs.

En retournant à bord du *Rayford* je dis à Jeff et Hale: «Nous ne sommes pas si mal lotis. Ces pauvres types vivent comme des bêtes.

– Tu devrais voir les bateaux russes, me dit Jeff. Ça, c'est rien. Un des matelots russes a dit que parfois les compagnies les nourrissent même pas. Ils doivent ouvrir les caisses de crabe quand ils sont à court.»

Nous descendons à la cuisine pour un dîner tardif. Hamburgers, frites, riz, toutes sortes de plats raffinés dus aux cuisiniers philippins. Je me recharge en hydrates de carbone et je m'affale, ballonné, comme un petit vieux après un repas de Thanksgiving. Nous avons la télé par satellite et je regarde CNN pendant une demi-heure avant d'aller me coucher. C'est bon d'être américain, même tout en bas de l'échelle.

Je découvre bientôt qu'il y a un prix à payer pour ne pas trimer à l'usine.

Je ne fais pas partie de l'équipe de pont, je suis accepté dans une confrérie. Il se passe des choses ici que je préférerais ne pas savoir et je ne peux plus m'occuper de mes affaires.

«S'il arrivait quelque chose, à moi ou à Hale, tu nous aiderais?» me demande un jour Jeff d'un air trop sérieux.

Je ne vois pas très bien ce qu'il attend de moi. J'imagine qu'il parle de catastrophes naturelles, de tomber dans l'eau glacée ou d'être attaqué par une otarie. Je réponds: «Naturellement.»

On dirait qu'il n'y croit pas, il a ce long regard intense de quelqu'un qui veut que vous compreniez la gravité de la conversation, comme un amant avide d'engagement. Il me fout la trouille. «Tu vois ce que je veux dire?

– Euh, oui.»

Ça ne lui suffit pas. Il s'éloigne avec une nouvelle opinion de moi, visiblement moins bonne. Je sens déjà qu'il se passe quelque chose de pas net sur ce bateau, quelque chose qui implique l'équipe de chargement, et s'ils veulent m'en parler, ça va. Sinon, ça va aussi. Je déciderai si je veux m'en mêler, d'abord en fonction du peu de conscience qui me reste, et ensuite selon la faisabilité du projet. Mais comme je vis et travaille avec eux, ils peuvent difficilement ne pas m'inclure.

Plus tard dans la journée, pendant que j'attache des cordages à l'avant, je me trouve devant un gros homme d'un certain âge avec une sale mine, la peau tirée du gros buveur, et l'allure fripée de quelqu'un qui a dormi sous un pont. Il porte un coupe-vent noir déchiré par endroits avec le nom d'un bar de strip-tease d'Anchorage imprimé dans le dos en lettres rouges délavées.

«Jeff ou Hale dans le coin?» Il a une voix de tronçonneuse.

«Je les ai pas vus depuis un moment.

– Merde, ils sont allés où?

– Je pourrais pas vous dire.»

Il repart en marchant comme un canard.

Jeff et Hale reviennent quelques minutes plus tard.

«Un bonhomme vous cherchait il y a un instant.

– Il ressemblait à quoi?»

Je le décris.

«Il avait l'air en colère?

– Un peu.»

Ça les affole. Ils me posent des tas de questions sur le type, surtout sur son attitude et son état d'esprit. Il avait l'air comme ci ou comme ça? L'entrevue a été trop brève et trop insignifiante pour que j'aie retenu le genre de détails qui les intéresse, et je commence à les énerver.

«Tu dois faire plus attention», me dit Jeff.

Je rétorque: «Putain, la prochaine fois que vous irez vous balader, vous pourrez peut-être me dire où vous allez.» Ils se regardent avec curiosité et se calment.

D'habitude je suis posé et poli, du moins selon les critères de l'Alaska.

Hale m'explique. « Ce mec se fait dans les cinq millions de dollars par an.

– Il a l'air d'être à la rue. »

Ça les amuse, un peu. Ils rient plus fort que nécessaire pour me montrer que tout va bien de nouveau entre nous. Je ris aussi. Qu'est-ce qu'on se marre !

Ces types sont cinglés.

Je suis environné de dingues, et pour tenir le coup je fais semblant de ne pas le remarquer. Par exemple, quand Billy du Klan, le quatrième de la chambrée, me prend à témoin un après-midi où je rentre pour ma pause et qu'il fulmine contre les Noirs que nous devrions tous renvoyer en Afrique, je hoche la tête et je souris. Ensuite il passe une cassette de Guns n' Roses, et au moment ou Axll Rose hurle le mot « nègres » il pousse le volume, puis il le baisse à nouveau quand le mot a été prononcé. Il me lance un regard de conspirateur. Je lui réponds par un hochement de tête et un sourire. Pour moi, le pire chez Billy du Klan ce ne sont pas ses opinions politiques (nous travaillons tellement que je le vois à peine) mais ses habitudes d'hygiène. Ce garçon prend moins d'une douche par semaine et les odeurs qui se dégagent de sa couchette commencent à se répandre dans toute la pièce.

Billy est un maigrichon de dix-neuf ans pourri d'acné qui hait tout le monde sur le bateau. Il hait les Mexicains, les Philippins, les Noirs et les Indiens américains, les quatre groupes qui constituent quatre-vingt-quinze pour cent de la main-d'œuvre de Rayford Seafoods. Il hait Jeff parce que Jeff est toujours avec Hale, qui est noir, et il le traite d'« amoureux des nègres» derrière son dos. Il hait son père pour l'avoir amené ici. Il hait les femmes parce qu'elles ne veulent pas coucher avec lui ni même lui parler. Il ne parle que de sa haine pour tout le monde, et il ne se lave pas.

Le père de Billy est l'électricien du bord, et Billy est censé apprendre le métier. La moitié des fils électriques sur le bateau se trouve sous plus de deux centimètres d'eau, et les courts-circuits sont si fréquents que nous ne remarquons presque plus que des pièces entières sont soudain plongées dans une obscurité totale. Nous avons tous pris l'habitude d'avoir un Zippo en poche. À l'instant où nous entendons un grésillement derrière les murs, nous attrapons notre briquet et nous essayons de continuer ce que nous faisions. Comme la plupart des gens, Billy entretient avec son travail une relation d'amour-haine dont l'amour a presque entièrement disparu.

«Ce boulot c'est une CONNERIE DE MERDE!» hurle-t-il un jour en entrant dans la chambre. Il tempête contre l'impossibilité de trouver et remplacer les boîtiers à fusibles rongés par la rouille, les fils imbibés d'eau et les branchements humides dans tout ce bâtiment à moitié englouti. L'huile s'infiltre par la moitié des fissures autour des rivets; l'eau de mer pénètre par l'autre moitié. Parfois de minuscules poissons entrent même par les fissures et nagent dans les entrailles du bateau où Billy passe beaucoup de temps. Il est au bord des larmes quand il me le décrit. Ça m'est indifférent. C'est ça, travailler en Alaska. Pas agréable. Il peut au moins circuler dans le bateau, ne pas être collé au tapis roulant à faire la même chose pendant seize heures d'affilée. Quand Jeff et Hale arrivent, il se tait, heureusement, se couche et ferme son rideau.

Billy ne me hait pas parce que je le traite comme ce qu'il est, un gamin faible et apeuré. Je l'écoute pleurnicher tant que ça ne me coûte rien. Je lui demande de prendre une douche et d'emporter ses draps à la blanchisserie et quelquefois il le fait. Contrairement à tous les autres, je ne lui souhaite aucun mal. J'aimerais seulement qu'il disparaisse.

Quand Billy se plaint, je me dis qu'il n'est pas dangereux puisqu'il essaie au moins de communiquer. Il a trop peur de Jeff et de Hale pour les injurier en face, et Jeff et Hale ne veulent pas d'ennuis avec lui parce que son père est le chef électricien et qu'il pourrait les faire virer du bateau dans l'heure pour qu'ils aillent dormir dans la neige. Il y a donc un équilibre délicat, et parfois des conversations inoffensives à propos de musique ou de chez eux. Billy aime Guns n' Roses, Hale aime le rap, Jeff aime le heavy metal, et derrière mes rideaux je les entend discuter des vertus respectives de chaque genre. Il m'arrive d'avoir l'impression que nous pourrions tous nous entendre, comme le suggèrent Jésus et Rodney King.

La porte s'ouvre soudain sous les coups de la police, des flics en gilet pare-balles ouvrent mes rideaux et pointent leur pistolet sur moi.

« Montre tes mains », crie l'un d'eux. Je lui montre mes mains.

« Hale Jeffries est ici ?

– Qui ?

– Il est dans quelle couchette ?

– Qui ?

– Le voilà, dit un autre. Il est là. »

Leurs voix sont excitées et effrayées. « Debout ! » crie un flic. « À terre ! » crie un autre. Ils gueulent à l'unisson : « Montre tes mains ! » J'entends un coup sourd quand ils jettent Hale par terre comme un sac de patates après l'avoir tiré de la couchette supérieure. Puis ils le mettent debout, le menottent et se dirigent vers la porte.

« Toi ! » Un des flics tend le doigt vers moi. « Tu nous refais le coup une fois et tu te retrouves en taule ! » Tout ce que je sais c'est qu'il y a trente secondes j'étais à moitié endormi dans ma couchette. Puis ils sortent à la queue leu leu.

La pièce est silencieuse. Personne ne veut être le premier à parler. Jeff se lève et ferme la porte, l'obscurité revient.

Nous travaillons toujours. Nous avons besoin de sommeil. Le crabe continue d'arriver. Au bout de quelques minutes de silence, je me rendors.

Et c'est là que commencent les ennuis inévitables.

Les dernières semaines, Hale, un costaud noir des rues de Seattle avec une grande gueule, n'a pas arrêté de déconner sur tous ceux qu'il a descendus et détroussés quand il faisait partie d'un gang. J'ai pensé que c'était du baratin, mais naturellement je n'allais pas le lui montrer. Ça ne m'intéressait pas vraiment. En Alaska, les relations sont aussi profondes que les conversations dans le bus. Vous vous rencontrez, vous racontez des salades, et à la fin de votre contrat vous retournez dans le monde où vous reprenez votre vie, une vie très vraisemblablement différente de celle que vous avez décrite à vos compagnons de travail en Alaska pendant les cinq derniers mois. Par exemple, je travaille avec un ivrogne illettré, Mo, qui me raconte qu'il est allé à Harvard, alors qu'un autre type le reconnaît comme un hôte fréquent de la cellule de dégrisement à Coeur d'Alene dans l'Idaho. Ça n'a aucune importance. Personne ne vérifie votre passé. Tant qu'il n'insulte l'intelligence de personne avec ses histoires de Harvard, nous laissons tous courir et nous attendons la même courtoisie à l'égard de nos propres salades.

Mais on dirait que Hale s'est laissé un peu emporter par une des siennes et que quelqu'un du bureau de Rayford l'a remarqué. On a fait une vérification et on a découvert qu'il était recherché par la police de Seattle. Non pas pour meurtre, finalement, mais pour prostitution. La rumeur se propage vite et, bientôt, Jeff atteint le comble du ridicule pour avoir passé tout son temps en compagnie de ce pseudo-dur.

Il doit encaisser non seulement d'avoir perdu son meilleur ami, mais aussi d'être la cible de toutes les plaisanteries du bateau. Pour une raison quelconque, Jeff a une arme. Billy aussi. Billy, que je commençais à tolérer, devient plus faraud avec ses opinions racistes à présent qu'il ne vit plus avec un Noir musclé. Chaque fois que je reviens dans la chambre, je m'attends à un échange de balles.

La plaisanterie échappe finalement à tout contrôle au cours de la soirée de Noël, où tous ces éléments volatils sont mis en contact avec l'alcool. Billy commence la soirée en se faisant repousser par une Mexicaine, ce qui le fait tomber dans une spirale de rage et de déprime. Il part à la recherche de Jeff et le trouve en train de parler avec une fille au pied de la passerelle qui mène au *Rayford*.

« Lopette à nègre ! » lui crie-t-il. Je ne suis pas vraiment sûr de ce qui se passe ensuite, et pourtant ça se déroule sous mes yeux. Il y a beaucoup de mouvement et Billy commence à hurler. Deux Mexicains arrivent en courant. Jeff est en train de taper la tête de Billy contre une grille, et au lieu de l'arrêter comme je le prévois, les deux autres se mettent à lui envoyer des coups de pied dans les côtes. Voilà quelqu'un qui s'est fait des tas de copains pendant son séjour à Rayford. Je finis par descendre leur dire faiblement : « Hé, les mecs, vous allez le tuer. »

Ils lèvent la tête.

Je dis: «Je crois qu'il a compris la leçon.» Billy est presque inconscient et la neige est éclaboussée de sang tout autour de lui.

Jeff grogne et s'éloigne. Les Mexicains rient et frappent Billy encore quelques secondes, puis ils passent devant moi comme si je n'étais pas là et grimpent la passerelle. Billy, qui saigne toujours, se met à sangloter et à gémir comme une corne de brume. Je suis en train de décider si je dois monter son corps puant et trempé de sang quand un des soudeurs du bateau, un certain Tony, arrive derrière moi.

«Dis donc, je vais prendre un verre à Dutch. Tu viens?

– D'accord.

– Qui c'est?» Il montre Billy qui crie et saigne dans la neige.

«Un compagnon de chambrée.

– Le fils de l'électricien?

– Ouais.»

Nous nous tenons au-dessus de Billy avec détachement pendant qu'il s'agite en gémissant.

«Le taxi attend», dit Tony.

La rigolade ne fait que commencer.

Tony, en tant que soudeur, est un des types qui ont leur propre cabine, et il gagne dans les quatre-vingt mille dollars par an. En Alaska, une compétence banale qui pourrait à peine vous payer un studio dans le Bronx peut vous faire gagner plus d'argent que Dieu. Le hic, c'est que les soudeurs doivent signer un contrat d'un an parce que ces bateaux rongés par la rouille ont besoin d'un soudeur à demeure et que les compagnies ne veulent pas être obligées d'en engager un nouveau tous les x mois. Par ailleurs, avec ce genre de contrat, la moitié du salaire n'est payée qu'à la fin. Les compagnies savent qu'ainsi elles ont la moitié de leurs soudeurs à moitié prix, parce que beaucoup ne supportent plus Dutch Harbor avant la fin de leurs douze mois et supplient de pouvoir rentrer chez eux. Les soudeurs sont donc parmi les mieux payés de l'île, et je découvre que presque tous deviennent lentement cinglés.

Un an ici, c'est trop long. Je vois bien comment ça se passe. Un gars travaille tranquillement comme soudeur à Seattle, il se fait ses quatorze dollars de l'heure et habite un joli studio. Un type se pointe. « Il paraît qu'en Alaska ils paient les soudeurs quatre-vingt mille dollars par an. » D'abord incrédule, notre soudeur hausse les épaules et dit : « Je signe. » Il s'envole pour Dutch Harbor en rêvant de richesse, et trois mois plus tard, après être resté enfermé sur un bateau qui rouille et demande plus de soudures qu'il n'en a jamais imaginé, il montre des signes de folie.

Je ne sais pas encore tout ça quand j'accepte d'aller boire une bière avec Tony. Je le vois comme un brave père de famille qui gagne sa vie comme soudeur et qui peut me changer agréablement de Jeff et Billy. Dans le taxi, en route pour l'*Unisea Bar*, il sort un pistolet et me dit : « Tiens-moi ça.

– OK. » Je prends le pistolet. Je me dis qu'il a quelque chose à faire et qu'il va le reprendre, mais il regarde par la vitre comme s'il venait de me demander de lui garder son portefeuille. Au bout d'une minute, je lui demande : « Pourquoi je tiens ton pistolet ?

– On doit s'arrêter prendre un truc chez des Philippins. Je préfère que tu l'aies au cas où ils tenteraient quelque chose.

– OK. » Je ne suis pas sûr du « truc » dont il est question ni de ce que peut recouvrir « tenter quelque chose », mais je suis la personne la plus rationnelle dans cette histoire. Je n'ai pas de holster et aucune envie de me faire sauter les roubignoles en mettant l'arme dans ma poche, si bien que je sors du taxi en la gardant à la main.

Ça n'a pas l'air de déranger Tony. Il est content d'avoir un copain qui brandit un pistolet. Nous grimpons la passerelle d'un autre bateau-pêcherie et il me dit : « Attends ici. Si tu entends quelque chose, tu entres en tirant.

– Pigé. »

Il entre dans la cabine, et avant qu'il ne ferme la porte j'aperçois un groupe de Philippins qui se prélassent sur des couchettes. Comme c'est une porte étanche, même s'ils étranglaient Tony, ce qu'ils semblent trop paresseux pour faire, je ne pourrais rien entendre. Je traîne le long du bastingage et je contemple le paysage nocturne où la neige tombe doucement sur la baie.

C'est probablement une affaire de drogue et il y a toutes les chances qu'elle se passe bien, mais l'Alaska permet à l'imagination des hommes de s'envoler avec eux. Au lieu d'être un soudeur fatigué qui veut se faire une ligne de coke pour fêter Noël, Tony a décidé qu'il était un caïd de la pègre. Il a son garde du corps dehors, prêt à tirer si l'affaire tournait mal. Je suis devenu un acteur dans sa petite pièce de ce soir. Je ne voulais que quelques bières, une conversation agréable, et peut-être tomber sur une de ces créatures rares à Dutch Harbor, une femme. Et me voilà embarqué dans un nouveau drame préfabriqué. Les longues heures, l'absence de femmes (nous sommes quatre-vingt-dix pour cent d'hommes), et la nature transitoire de notre travail nous entretiennent dans l'idée que nous vivons un fantasme de macho. Des jeunes qui viennent pour gagner de quoi aller à l'université se retrouvent à descendre une bouteille de Wild Turkey au goulot, à se planter torse nu au sommet d'une montagne, à raconter leurs exploits imaginaires avec des pom-pom girls assoiffées de sexe. Je m'apprête à rentrer me coucher quand Tony ouvre la porte, me fait un signe entendu, et en route pour les bars.

Un fort pourcentage des chauffeurs de taxi de Dutch Harbor se compose de jolies Philippines qui ont souvent pour activité annexe de tailler des pipes. La Philippine qui nous prend cette fois est belle, et Tony se renseigne sur les possibilités.

« Des filles le font, dit-elle, mais pas moi. J'ai ami.

– Cent dollars, lui propose Tony. C'est le double du tarif. »

Elle rit, mais n'accepte pas.

« Cent vingt-cinq.

– Merci, mais non.

– Combien de courses tu dois faire pour gagner cent cinquante dollars ? »

Elle lui fait signe de se taire, mais il s'obstine. Nous nous arrêtons devant l'*Unisea Bar* et je vais descendre, Tony me retient pour me dire : « Je te retrouve à l'intérieur. » Je hausse les épaules, je descends et j'entre dans le bar me commander une bière. À travers la porte vitrée, je vois qu'il discute encore avec le chauffeur de taxi. Il descend enfin de voiture et le taxi s'en va.

« Sale garce. On se fait une partie de billard. »

Nous jouons contre deux pêcheurs mexicains pour vingt dollars la partie. Nous gagnons la première, puis la deuxième, et Tony commence à se moquer d'eux. Il les appelle tous les deux « Pedro » et leur parle comme Speedy Gonzalez, d'une voix nasale avec un faux accent mexicain. « Tou a laté ton coup », dit-il chaque fois que l'un d'eux fait une faute. Puis c'est au tour de Tony, et il se plante en blousant la 8.

Je sors dix dollars de ma poche et les tends à un des Mexicains. « Le paie pas, mec, me dit Tony. Ils ont donné un coup dans la table.

– Arrête, Tony. On a perdu. »

Tony fait mine de s'en aller, il n'est pas prêt à cracher ses dix dollars. Un des Mexicains lui fend la lèvre avec une queue, et une dent vole avant d'atterrir sur le feutre vert. Je regarde la dent pendant qu'ils continuent à le frapper. Personne dans le bar ne prête beaucoup d'attention à la scène. C'est une chose qui arrive toutes les heures.

« Le flingue, mec, sors le flingue ! » Tony pense que je devrais tirer sur ces hommes parce qu'ils se sont mis en colère quand il a essayé de les arnaquer.

Je sors ma dernière réplique de super-héros – « Sans moi » – et je me dirige vers la porte en laissant les Mexicains continuer à le dérouiller. Dehors, je me grille une cigarette, et ainsi prend fin mon association avec Tony le Soudeur, le gentil père de famille qui soudait pour gagner sa vie.

Ici, c'est comme ça. Tout le monde est baisé, et ceux qui ne le sont pas encore le seront bientôt. Le maire devrait chercher comment ça se dit en latin et en faire la devise de la ville. Ou mieux encore, *Dutch Harbor : Quelle tare fatale vous a fait finir ici ?*

Je me demande ce que ça révèle de moi. Chez moi, comme chez la plupart d'entre nous, c'est la tentative affolée de trouver un moyen de garder la tête hors de l'eau qui m'amène ici. Que je vive sur un bateau qui a réellement l'air de sombrer n'est qu'une coïncidence ironique. Dutch Harbor offre l'occasion de gagner de l'argent tout en dépensant un minimum. J'ai beau me plaindre de ma chambre trempée, elle ne me coûte rien, pas plus que ma nourriture ni l'électricité. Chaque dollar que nous gagnons ici est pour nous, pas pour les propriétaires, ni les services publics, ni les huissiers. C'est la vraie liberté, et c'est une liberté que beaucoup d'entre nous ne peuvent pas gérer.

Deux pêcheurs s'approchent de moi pendant que je déguste paisiblement ma cigarette en regardant la neige tomber.

« Hé, mec, tu travailles sur le pont chez Rayford, pas vrai ?

– Ouais.

– On crèche près du *Rayford* et on est trop bourrés pour conduire. Tu peux nous aider ? Ça t'économisera le taxi.

– Vous avez juste besoin que je vous ramène ?

– Ouais. »

L'un d'eux me tend les clés et nous grimpons dans une vieille camionnette rouge rouillée. Je n'ai pas conduit depuis des mois et j'aime bien la sensation. Je roule avec précaution sous la neige tandis que les pêcheurs rigolent bruyamment en se rappelant certains moments de ce qui a été manifestement une sacrée soirée.

Soudain, des lumières bleues s'allument derrière moi. Je me fais arrêter par un flic à Dutch Harbor la veille de Noël.

« T'inquiète, me dit un des pêcheurs. J'ai déjà été arrêté trois fois parce que j'étais pété. Ce flic a reconnu ma camionnette.

– Super. Merci de m'avoir prévenu. »

Le flic dirige sa torche sur nous, examine l'intérieur de la camionnette. « Descendez du véhicule, monsieur. »

Je descends.

« Puis-je voir votre permis ? »

Je lui tends mon permis poids lourd pour débutant de Caroline du Nord, la seule chose que j'ai sous la main. Il est valable trois mois et il a expiré. « Qu'est-ce que c'est ? »

J'essaie de lui expliquer, mais il m'ignore et me fait passer le test habituel, doigt sur le nez, récitation de l'alphabet. Je sautille quelques secondes sur un pied.

« Comment connaissez-vous Tom ? demande-t-il.

– Il est venu me demander de le raccompagner. Son dortoir est près de mon bateau. »

Il me pose d'autres questions personnelles, où je travaille, mon numéro de sécu, etc. Il finit par me laisser repartir.

« C'est un enfoiré, me dit Tom quand je remonte dans la camionnette. Je l'ai toujours sur le dos. »

Je rentre au *Rayford*, je gare la camionnette et je vais me coucher.

Le lendemain, le chef électricien, le père de Billy, vient me parler. Je suis encore au lit. Il a un air grave.

« Qu'est-ce qui se passe ?

– Je voulais vous remercier, dit-il. Pour avoir sauvé la vie de mon fils. » Il me tend une main sincère et je la serre. « Billy m'a raconté ce qui s'était passé. »

La dernière fois que j'ai vu Billy, c'était quand je l'ai abandonné criant et saignant dans la neige pour aller boire une bière. En n'ayant pas carrément contribué à le tuer, je suis devenu la Florence Nightingale du bateau.

Après lui arrivent deux officiers de police, ceux qui ont arrêté Hale il y a quelque temps. « Monsieur Levison ?

– Ouais ?

– Ceci est une citation à comparaître au tribunal dans quatre jours. Vous êtes accusé de conduite sans permis.

– Vous m'accusez de conduire sans permis ?

– Exactement. Si vous ne vous présentez pas, vous ferez l'objet d'un mandat d'arrestation.

– Vous voulez rire. »

Ils s'en vont après avoir jeté sur mon lit un papier à l'air officiel. Je sais maintenant ce qu'est l'ironie. À la suite d'une soirée où j'ai été témoin de deux agressions, d'achat de drogue, de possession d'arme et d'ivresse publique, on me demande de me présenter au tribunal pour avoir raccompagné quelqu'un chez lui. Dutch Harbor ressemble à la troisième année du primaire quand la remplaçante New Age s'était présentée. Personne ne commande vraiment. Mais je découvre bientôt que les policiers de Dutch Harbor ont l'habitude de ramasser un couillon par semaine dans l'océan de saletés qu'est leur ville pour essayer de faire un exemple. Ainsi, le prostitué Hale est envoyé en avion se faire juger à Seattle et Iain, qui a reconduit quelqu'un chez lui, est arraché toute une journée à l'équipe de pont pour aller braver la tempête.

Le côté positif, ce sont les réactions de mes collègues de travail. Loin de menacer ma position chez Rayford, que des flics soient montés à bord et m'aient balancé une citation fait de moi une sorte de hors-la-loi légendaire. Je m'aperçois que presque tout le monde sur le pont est déjà au courant de ma bagarre avec le Philippin qui a troué ma combinaison. D'être poursuivi par des hommes armés pour une contravention mineure n'a fait qu'ajouter à mon aura. Presque tous me posent des questions. « Qu'est-ce qu'ils voulaient, les flics? » C'est difficile de ne pas embellir. Quand je termine de mettre les choses au point, je suis un Robin des Bois recherché dans trente États pour avoir essayé de sauver la forêt amazonienne.

Le côté négatif, c'est que nous venons tout juste de reprendre le travail après Noël et que je fais un poste de nuit de douze heures. Ça signifie que pour me présenter au tribunal je vais devoir me passer de toute une journée de sommeil. Le tribunal se trouve à huit kilomètres environ, et j'ai dépensé tout ce que j'avais à Noël, je vais donc devoir faire la route à pied après douze heures de travail de nuit. Pour obtenir que l'audience soit reportée de sorte que je puisse m'y rendre quand il n'y aura pas de crabe, je dois quand même y aller. On ne veut pas m'accorder d'ajournement par téléphone. Si je dois faire tout ce chemin, autant passer en jugement.

Le jour arrive et je pars dans la neige et la boue de Dutch Harbor. Dans d'autres circonstances, ce pourrait être une belle ville intéressante. Il reste des bunkers de la Seconde Guerre mondiale disséminés sur la côte et les montagnes qui surplombent la ville sont majestueuses. Des bandes de brume entourent les bateaux amarrés sur les quais.

Je découvre que Dutch Harbor possède un campus universitaire, l'université de l'Alaska à Dutch Harbor. UADH est une baraque qui ressemble beaucoup à la cabane à outils de mon grand-père. La bibliothèque municipale est un préfabriqué de l'armée. Le tribunal est une construction de bois éclaboussée de boue, de l'autre côté de la ville.

Mais à l'intérieur, il n'y a aucune différence avec le tribunal de n'importe quelle petite ville. Il y a des avis de recherche au mur, et l'éternelle secrétaire qui s'ennuie, assise à un bureau en contreplaqué devant un écran d'ordinateur. Elle me demande mon nom et me fait signe de m'asseoir sur un petit banc.

J'assiste à l'audience avant la mienne, un pêcheur qui a été pris en possession de quatre grammes de marijuana. Apparemment, en rentrant chez lui, il a trouvé sa femme au lit avec un autre pêcheur, une bagarre a suivi, et la femme a appelé la police. La contribution des représentants de l'ordre dans cette affaire a consisté à fouiller partout et à trouver l'herbe, pour laquelle il a été arrêté. Vous parlez d'une mauvaise journée. La juge partage la compassion que je ressens pour ce type, mais l'Alaska vient seulement d'interdire la marijuana. Il y a encore quelques mois, c'était légal de posséder jusqu'à quatre grammes, et maintenant on veut faire des exemples de ceux qui n'ont pas obéi aux nouvelles lois. Cinq cents dollars et cinq cents heures de travail d'intérêt général.

Ensuite, l'État de l'Alaska contre Iain Levison, conducteur sans permis. La juge me demande si je savais que mon permis avait expiré. Je sais comment répondre, mais ça ne change rien. Ce qui m'épate c'est que dans cette ville de non-droit pourrie, à la traîne de la civilisation, où les gens portent des T-shirts de touriste qui disent *Dutch Harbor... ce n'est pas la fin du monde, mais d'ici vous la voyez*, quelqu'un ait contrôlé mon permis sur ordinateur et constaté qu'il avait expiré.

«Je ne vais pas vous infliger d'amende, me dit la juge, mais vous devrez faire un travail d'intérêt général. Dans notre État, la peine pour conduite sans permis est généralement sévère parce que ceux qui viennent ici croient pouvoir tout se permettre.» Mais oui. Bien sûr. Regarde autour de toi, petite: ils le peuvent.

«Cinq cents heures». Son marteau retombe, comme dans *New York: police judiciaire*. Elle rassemble quelques feuillets et fait appeler l'affaire suivante.

Cinq cents heures. Ça fait dans les douze semaines de travail gratuit à donner à Dutch Harbor alors que je travaille déjà un minimum de quatre-vingt-quatre heures par semaine. Le seul moyen d'y arriver serait de ne jamais dormir.

Je demande à la secrétaire en quoi consiste le travail d'intérêt général et elle me dit qu'il relève surtout de la capitainerie du port, il s'agit de trucs comme ramasser les otaries mortes qui pourrissent sur la côte. Je lui demande s'il y aurait quelque chose à la bibliothèque. Elle secoue la tête. La bibliothèque a déjà deux employés à plein temps. Tout ce qui les intéresse en ce moment ce sont des travaux à l'extérieur, c'est-à-dire physiquement éprouvants. Or, à la fin de la journée chez Rayford, je suis vanné.

Je rentre et je trouve Jeff en train de finir de faire ses bagages. Il s'est fait virer pour avoir frappé Billy.

« Qu'est-ce que tu vas faire ?

– Rentrer chez moi. J'ai deux mille dollars. Je peux me payer l'avion. Il me restera un petit quelque chose. » Le tarif pour Seattle est astronomique. La plupart des pêcheries vous paient l'aller-retour si vous remplissez votre contrat, mais si vous êtes viré ou si vous démissionnez, c'est vous qui payez le retour. J'aime bien Jeff et je m'aperçois qu'il va me manquer. Il est quelquefois un peu incontrôlable quand il se fait prendre au monde macho imaginaire que crée ce mode de vie, mais il a de l'humour.

« Pourquoi tu n'essaierais pas de trouver du boulot sur un des bateaux ? »

Il secoue la tête. « J'en ai marre de cette merde. » Je sais de quoi il parle. Ici, celui qui a assez d'argent pour se payer l'avion de retour ne s'affole pas vraiment si on le vire. Il va retrouver le monde, des villes avec des femmes, où les hommes disent « Pardon » quand ils vous bousculent dans les bars, où tout ne sent pas le poisson ou le crabe et où les gens portent autre chose que des combinaisons imperméables. Et quand on est viré, on n'éprouve pas le sentiment d'échec d'avoir abandonné.

« Je vais devoir partir bientôt moi aussi. Je dois faire cinq cents heures de travaux d'intérêt général pour avoir raccompagné ces pêcheurs. Ça m'est impossible. Et j'ai à peine économisé de quoi acheter un billet. Si je partais maintenant, je me retrouverais sans un sou à Seattle, et c'est précisément ce qui m'a amené ici. »

Il grogne. « Cinq cents heures. Quelle sale blague. »

Nous nous serrons la main. La porte se referme. J'ai six heures de sommeil devant moi avant de prendre un poste de douze heures.

Mes nouveaux compagnons de chambrée sont Rus et Colin, deux étudiants qui apportent un changement radical et rafraîchissant après les cas sociaux pathologiques auxquels je me suis accoutumé. Ils ont l'air jeune et énergique et trouvent que de l'eau par terre, ça a du charme, c'est différent de leur environnement classe moyenne. Ils sont emballés par Dutch Harbor, et le premier jour ils achètent un livre sur l'invasion japonaise des Aléoutiennes pendant la Seconde Guerre mondiale.

Je suis étendu dans ma couchette et Rus m'appelle, essoufflé : « Viens là-haut, il faut que tu voies ça !

– Quoi ?

– Viens voir. »

Je viens à peine de me coucher, mais je me dis que ça doit être vraiment bien, j'enfile mes bottes et je le suis. Nous sortons à l'avant, où Colin tient un livre ouvert et regarde les montagnes.

« Regarde ça », me dit Colin tout excité. Il m'indique une photo dans le livre qui montre un essaim de bombardiers japonais au-dessus de Dutch Harbor. « La configuration des montagnes sur la photo est exactement la même que là devant. Ça s'est passé ici, pile là où nous sommes ! »

J'acquiesce poliment d'un « Cool », et je retourne à ma couchette.

Ces gamins réagissent de la même façon à propos de tout. Même la bouffe philippine dégueulasse qu'on nous sert est pour eux une nouveauté intéressante. Rus me demande de lui prêter cent dollars pour qu'il puisse aller en ville acheter des bricoles à envoyer à ses parents.

J'accepte parce qu'il habite avec moi, qu'il ne partira nulle part et que je sais qu'il a un travail. Et leur deuxième soir, Colin tombe du quai.

En plein hiver, en Alaska, l'eau du port est si froide que si on ne vous repêche pas dans les secondes qui suivent vos muscles gèlent et vous glissez juste au-dessous de la surface. Colin y reste à peu près quatre-vingt-dix secondes. On le sort de là et, quand je le revois, il est en bon état physique, mais il ne pense plus que tout est formidable.

« C'est la merde, ici », me dit-il deux jours plus tard. Rus suit son exemple. Ça devait arriver. L'accident a simplement accéléré les choses. Dutch Harbor n'est pas un lieu de villégiature, et le prétendre n'en fait pas les Bahamas. Le lendemain, après mon travail, je descends dans la chambre et je trouve leurs couchettes vides.

Je monte au bureau. « Qu'est-ce qui est arrivé aux deux types qui étaient dans ma chambre ?

– Une urgence familiale. J'ai dû les rapatrier aujourd'hui. » Le type du bureau a des choses plus importantes en tête.

« Ils étaient parents ?

– Ils ont dit qu'ils étaient cousins.

– Jamais de la vie. Ils étaient copains d'université. Ils avaient fait connaissance l'année dernière.

– Je me contente de vous répéter ce qu'ils m'ont dit.

– Ce con-là me devait cent dollars.

– Écoutez. Avant de rapatrier quelqu'un d'autre, je vous en parlerai d'abord. » Ce type est plus sarcastique que moi. Il a entendu toutes les salades possibles et imaginables. Mais il ajoute, presque pour me réconforter : « Nous avons vérifié en téléphonant à la famille. »

On peut toujours trouver une sœur ou une copine prête à jouer la parente éplorée de deux gars qui n'ont aucun lien familial. Je redescends lentement à ma couchette, j'ai maintenant une des plus grandes chambres du bateau pour moi tout seul. Encore une leçon, à cent dollars. Les leçons s'accumulent.

Depuis le départ de Jeff et Hale, je suis devenu le chef d'équipe du pont. En fait, je suis l'équipe du pont. Le surveillant me trouve deux étudiants tout juste descendus de l'avion pour qu'ils m'aident à charger les palettes.

L'un, un garçon menu du nom de Chris, travaillait il y a une semaine encore à la ferme de visons de son père dans l'Oregon quand il a soudain décidé qu'il voulait changer de vie. Son vœu a été exaucé. Il paraît un peu frêle pour le travail physique, mais il a l'air assez sympathique.

L'autre est un costaud membre d'une confrérie, il s'appelle Brian et veut «gagner de l'argent pour acheter des beaux trucs». Quelqu'un lui a dit qu'on pouvait se faire une tonne de fric en Alaska. Il sait tout sur le chargement des palettes, tout sur le maquereau, tout sur les Coréens avec lesquels nous travaillons. Il sait tout sur tout et se met au boulot avec enthousiasme. À voir sa taille, je me dis qu'il trouvera ce genre de travail assez facile.

Au bout de cinq heures, Brian est épuisé et commence à se plaindre. C'est un travail qui met les muscles à rude épreuve au début, et vous devez trouver votre rythme. Il vous éreinte, même si vous êtes en forme. Les caisses ne sont pas légères et elles doivent être disposées d'une certaine manière, ensuite il faut les emballer sous film plastique pour leur éviter de glisser quand la grue les emporte. Soulever et empiler les caisses, c'est la partie facile; l'emballage sous film, c'est la vacherie parce que vous devez vous pencher et courir à reculons en tenant un rouleau pesant de film qui fait un bruit d'explosion en se déroulant. Une palette entièrement chargée fait plus d'un mètre quatre-vingts de haut, de sorte que dans les dernières rotations autour d'elle vous devez tenir le rouleau au-dessus de votre tête, et très vite vos bras n'en peuvent plus.

Tout ça doit se faire au pas de course pour que le transbordement s'effectue sans heurts. Si Brian et Chris n'emballent pas bien les caisses du haut, elles tomberont à l'eau entre les deux bateaux. Comme chaque caisse de vingt-huit kilos de pinces de crabes vaut des centaines de dollars, je dois faire en sorte que ça n'arrive pas.

« On a besoin de faire une pause », me dit Brian en haletant tandis que de nouvelles caisses arrivent de la cale par le monte-charge. Il n'est ici que depuis une journée et il n'a pas encore compris qu'on ne dit pas des choses comme ça. Il va de soi que tous ceux qui travaillent sur ce bateau ont besoin de faire une pause à un moment ou à un autre, mais les pauses sont programmées à heure fixe, et peu fréquentes.

Je lui réponds : « Encore quelques palettes et c'est la pause.

– J'en ai besoin maintenant. »

Ceux qui sont dans la cale attendent que je dégage ces nouvelles caisses du monte-charge pour le faire redescendre et continuer à le charger. Je n'ai pas le temps de discuter avec Brian et je préfère lui tendre la feuille de pointage qui me sert à compter les caisses qui arrivent de la cale.

« Prends ça. On échange pendant un moment. »

J'aide Chris, qui n'a pas pipé, et nous finissons encore quelques palettes. À la fin de la pause, je me dis que c'est injuste de faciliter les choses à Brian et de continuer à faire travailler Chris rien que parce que

Brian a pleurniché. Je donne donc la feuille à Chris pour lui permettre une ou deux heures faciles.

Brian recommence à se plaindre.

« Écoute, lui dis-je. Ici, tu as le travail le moins difficile. Tu pourrais être en bas devant le tapis roulant à arracher des pinces de crabes pendant douze heures. C'est ce que tu veux ?

– Oui, pourvu que je n'aie pas à me servir de ce film en plastique. » Il halète.

« Plus que deux heures et on verra. On doit finir ce déchargement. »

Ça prend sept heures de plus et Brian n'arrête pas de geindre. À la fin, nous allons dans la salle commune où il y a un téléphone et Brian se précipite dessus.

Je le mets en garde. « C'est un téléphone par satellite. Il n'est pas relié à une ligne terrestre. Il coûte dix dollars la minute. Si tu veux téléphoner, tu ferais mieux d'aller en ville. »

Il hausse les épaules et téléphone.

Le chef du personnel vient me demander comment s'en sortent les deux gars qu'il m'a envoyés.

« Le costaud ne sert à rien. Vous pouvez l'expédier en bas au tapis roulant. Le petit, il en veut.

– Je m'y attendais. Les grandes gueules ne valent jamais grand-chose. Un sacré gaspillage de muscles. »

Le lendemain, j'ai un petit Mexicain, Jorge, qui bosse comme un fou et n'ouvre jamais la bouche. Brian est envoyé en bas arracher des pinces de crabes douze heures par jour. Ironie du sort, aucun bateau ne vient chercher de marchandises et nous passons presque toute la journée à tourner en rond, nettoyer le pont, trouver à nous occuper.

« Je pense pas me faire assez d'argent ici », dit Chris. Il n'est en Alaska que depuis deux jours, mais il s'est déjà suffisamment renseigné pour savoir qu'être manœuvre à bord du *Rayford* le place tout en bas de l'échelle des salaires en Alaska. Nous gagnons cinq dollars de l'heure et l'essentiel nous vient des heures supplémentaires parce que, selon la loi de l'État, toute heure au-delà de huit heures par jour est considérée comme supplémentaire. Travailler quatre-vingt-quatre heures par semaine, ce qui est peu pour l'Alaska, nous rapporte cinq cent trente dollars avant impôts. Ensuite le gouvernement nous arrache un beau morceau et nous laisse dans les quatre cents par semaine pour toute cette peine. Le véritable bénéfice c'est que nous n'avons pas de dépenses puisque nous sommes nourris et logés, donc tout ce que je gagne va directement à la banque.

Pour vraiment gagner de l'argent en Alaska, il faut être soit pêcheur, ce qui est dangereux et très dur, soit préparateur au pourcentage de la prise, par opposition au salaire horaire. Chris a décidé qu'il ne s'y connaît pas assez bien pour pêcher, ce qui est intelligent de sa part. Mais il est résolu à trouver du travail au pourcentage.

«Je veux gagner dix mille, et je veux pas rester ici une éternité», me dit-il. J'aime sa détermination et la logique avec laquelle il appréhende le travail que ça implique. En général, les bleus arrivent en s'attendant à la fortune sans tenir compte du tribut que paient leur corps et leur esprit. Ils commencent toujours en disant: «Je reste ici un an et j'aurai vingt-cinq mille dollars», sans se rendre compte que ceux qui sont ici depuis un an sans interruption sont le plus souvent devenus à moitié fous. Ensuite ils parlent de toutes les merveilles qu'ils achèteront. Selon leur caractère, ça va des paquets de cocaïne aux 4x4 de luxe. Deux semaines plus tard, quand la réalité s'est imposée, ils sont à la clinique pour se plaindre d'un syndrome du canal carpien, obtenir un certificat médical et rentrer chez eux gratuitement.

Chris n'est pas de ceux-là. Il n'a que dix-neuf ans, mais un sens plus aigu de la réalité que la plupart de ses aînés avec qui je travaille.

«Je peux prendre une heure pour aller voir si je trouve un autre bateau qui embauche?

– Vas-y.»

Ça devient quotidien. Chaque fois qu'il y a un creux, Chris part à la recherche d'un meilleur emploi. Je le laisse faire, dans l'espoir qu'il en trouvera un pour moi aussi.

Un après-midi, je vois Brian s'en aller avec un sac marin. «Je vais prendre mon avion. C'est mon genou. Il vient de lâcher.

– C'est terrible.»

Plus tard, une des filles du bureau me raconte que les parents de Brian ont appelé la compagnie en exigeant qu'il soit réexpédié chez lui immédiatement. Il les avait appelés tous les jours en PCV par téléphone satellite et ils venaient de recevoir une facture de quatre mille dollars. Les «beaux trucs» qu'il s'était payés c'étaient finalement six heures de communications interurbaines.

Chris est rentré de sa mission quotidienne. «Un bateau va partir, me dit-il. Il paie au pourcentage. Il a besoin de deux préparateurs de plus pour un contrat de trois voyages. Il part dans deux heures. Tu veux venir?»

Je médite une ou deux secondes sur ce choix de carrière. «On y va.»

Je descends à ma couchette, je fourre ce que je possède dans un sac marin et je remonte demander au bureau de m'envoyer mon chèque. Il n'y a ni larmes ni adieux. J'ai déjà tenu nettement plus longtemps que la plupart des préparateurs.

Nous prenons un taxi pour aller au *Royal Golden* où Chris nous a trouvé du travail, et je vois que ce garçon a bien choisi. Le bateau est impeccable – pas la moindre rouille, pas de portes qui grincent, pas d'eau par terre. Le bureau me demande de remplir des papiers, mon identité est vraiment contrôlée et on me pose quelques questions. En Alaska, c'est du même ordre que les trois mois de vérification que l'on associe généralement au recrutement des fonctionnaires. J'espère qu'ils n'iront pas jusqu'à interroger la police, qui s'attend à me voir me présenter pour les travaux d'intérêt général. Tandis que le *Royal Golden* s'éloigne, je reste sur le pont et je regarde Dutch Harbor rétrécir, j'imagine des flics furieux en train de pester sur le quai. Adieu, bande de crétins.

Il y a un certain temps que je n'ai pas navigué et je me rappelle aussitôt que j'ai toujours un mal de mer monstrueux. Je passe les deux premiers jours à courir vomir aux toilettes. Je m'aperçois aussi que, lorsque vous êtes payé au pourcentage de la prise, les horaires n'ont aucun sens. Vous ne pointez ni à l'arrivée ni à la sortie, et la compagnie ne fait aucune économie à ne pas vous faire travailler. Chacun doit donc s'activer tout le temps. On attend de moi qu'entre deux vomissements je m'y colle pour nettoyer la cuisine, récurer les casseroles, nettoyer l'atelier, ranger des caisses dans le congélateur, ou toute autre tâche subalterne qui se présente. Au bout de deux jours environ de ce régime, je laisse tout tomber et je regrimpe tant bien que mal dans mon lit, où le contremaître me trouve.

« Qu'est-ce que tu fais au lit ?

– J'arrête pas de gerber. J'avais besoin de quelques heures de repos.

– Merde. » Il secoue la tête, visiblement dégoûté. Il sort. Dans l'état où je suis, je peux supporter son dégoût. J'ai seulement besoin qu'on me laisse tranquille.

Chris n'a pas le mal de mer et il devient vite le surdoué des nouveaux. Il s'attaque avec enthousiasme à n'importe quel travail subalterne et mange bientôt à la table du contremaître. Celui-ci me regarde chaque fois que je passe devant lui, et je connais ce regard. C'est celui que j'avais souvent pour les nouveaux chez Rayford et qui signifie: «Il ne tiendra pas le coup.»

Le troisième jour nous sommes déjà sur les lieux de pêche et mon corps s'adapte au roulis. Je commence à me sentir un peu mieux et j'essaie d'en faire plus, d'avoir l'air enthousiaste si on me charge de quelque chose. Lorsque le poisson commence à arriver, je consacre mes premières heures à empaqueter du maquereau, mais c'est difficile de se distinguer en faisant un travail répétitif et ennuyeux. Quelques jours passent et j'ai toujours droit au même regard.

Je suis envoyé à la préparation. Sur mer, c'est pratiquement la même chose que sur terre, sauf que le *Royal Golden* est un bateau de pêche et que nous prenons le poisson que nous préparons. Pour chaque voyage, nous avons des commandes à satisfaire. Cette fois-ci, des acheteurs coréens nous ont demandé du maquereau que nous devons empaqueter tel quel, ce qui est facile. Le difficile dans la préparation c'est vider, il faut tenir le poisson et travailler dessus en s'esquintant les mains. Mais avec le maquereau, nous n'avons pas à vider. Nous le prenons, nous le disposons dans des petits plateaux et nous fourrons les plateaux dans un congélateur. Au bout de trois heures, on vide les plateaux en les cognant contre un bouclier métallique qui déloge le maquereau congelé en carrés réguliers qu'on emballe dans ces caisses. Les caisses sont ensuite mises sous plastique et envoyées dans un congélateur.

Mon deuxième jour devant le tapis roulant, je suis là depuis une petite heure quand je me fais taper sur l'épaule par le contremaître qui me dit qu'il a un travail pour moi. D'habitude, ça n'est pas bon signe, mais je ferais n'importe quoi plutôt que de rester sans bouger à la préparation. Il m'emmène dans une pièce avec des murs en inox et un grand trou dans l'un d'eux où un entonnoir géant débouche sur un tapis roulant.

Le contremaître me tend une pelle. « Quand le poisson arrive, tu le pousses sur le tapis roulant.

– OK. »

Il me montre un bouton rouge sur le mur. « C'est le signal d'alarme.

– Le signal d'alarme ?

– Ouais. Essaie de ne pas t'en servir.

– OK. » Il s'en va. J'ai quitté la chaîne. Ici, dans cette pièce vide rien qu'à moi, c'est idéal, presque silencieux. J'ai la tranquillité, je peux même chanter tout seul si le cœur m'en dit. Tout ce que j'ai à faire c'est pousser le poisson sur un tapis roulant et ne pas me servir du signal d'alarme.

Je regarde autour de moi. Il y a un signal d'alarme sur chaque mur. On doit paniquer souvent par ici.

Puis un moteur hydraulique fait glisser le plafond à l'arrière de la pièce et je vois le ciel. J'entends l'équipage s'interpeller sur le pont et je renverse la tête en arrière pour sentir la pluie sur ma figure. Je vois des nuages sombres, et j'admire le violet du crépuscule quand soudain un grand filet apparaît juste au-dessus de moi, porté par une grue géante, et me cache le ciel. Il est plein de poissons.

Un des pêcheurs sur le pont passe la tête par mon trou et crie : « Dans le coin !

– QUOI ? » Avec le bruit du moteur et celui de la mer, je l'entends à peine.

« Fous-toi dans le coin ! Tire-toi de là ! »

Je comprends juste à temps ce qui se passe. Je fais un

bond en arrière et me voilà dans le coin juste à l'instant où le filet s'ouvre et déverse plusieurs tonnes de poissons dans la pièce. J'en ai tout à coup jusqu'à la poitrine, et la plupart remue encore. Puis le plafond se ferme et je suis dans une pièce sombre pleine de poissons vivants.

Comme il n'y a rien d'autre à faire, je pousse le poisson vers le trou.

Au bout de vingt minutes, je suis dans les poissons jusqu'à la taille seulement. Ceux du bas sont presque tous morts, tués par la chute ou par la pression prolongée des tonnes au-dessus d'eux. Je m'aide de mes jambes pour les débarrasser et la seconde moitié de l'opération se déroule facilement. J'en suis à ramasser les derniers poissons restés par terre et je les balance par le trou dans le mur. Je suis plutôt content de moi.

Le plafond s'ouvre de nouveau. Je bondis dans le coin.

Encore un filet plein de poissons vivants qui s'écrasent en battant de la queue et en s'éclaboussant d'eau de mer. Cette fois-ci, j'en ai jusqu'au cou. Je peux à peine bouger et le poids de tout ce poisson me rend la respiration difficile. Je comprends tout à coup l'intérêt d'un signal d'alarme, tout en ne voyant pas comment je pourrais l'utiliser si j'en avais vraiment besoin, puisque j'aurais les bras au-dessous du niveau des poissons.

J'essaie de me dégager en me tortillant, et au bout de trois ou quatre minutes je me retrouve au sommet du tas où je reprends haleine. Un type passe la tête dans le trou et crie : « Hé, tu l'envoies ce poisson ou quoi ? »

Assis sur le gros tas de poisson je me mets à le pousser avec les pieds. Ça marche très bien, mais au bout d'un moment mes jambes sont trop fatiguées, je trouve la pelle, je me mets debout et je pousse avec. Ça se passe bien jusqu'à ce que mon dos se fatigue, alors je m'assois et me sers de nouveau de mes pieds.

Le gars crie par le trou: «Ralentis, mec, tu nous tues.»

D'accord, c'est bon. Je peux ralentir un peu. Je m'aperçois qu'il y a des gens qui trient le poisson à l'autre bout et que je dois les avoir débordés. J'ai assez débarrassé pour me servir de la pelle, et bientôt la pièce est de nouveau vide.

Le toit s'ouvre, le filet apparaît. Le pêcheur me regarde haleter. Il rit.

«Ce coup-ci c'est du sébaste. Tu vois ce que ça veut dire.»

Je n'en ai aucune idée, mais ça ne me dit rien de bon. Et ça ne l'est pas. Un chargement de poissons rouge vif s'écrase et chacun d'eux est muni d'un millier d'épines sur le dos. J'essaie d'avancer dessus et les piquants rouges déchirent ma combinaison imperméable. Je suis transpercé de partout. Je ne peux pas me servir de mes mains parce que les piquants percent mes gants. Je ne peux pas m'asseoir sur les poissons et les pousser avec les pieds parce que les piquants me rentrent dans le cul. Je suis dans une pièce hérissée d'aiguilles.

Finalement, je pique une colère et je balance le poisson dans le trou en hurlant à tue-tête. Pas moyen d'en finir autrement. Au bout de vingt minutes, je peux de nouveau me servir de la pelle, et la seconde moitié se passe beaucoup plus facilement. Quand les sébastes sont partis, le toit s'ouvre et le pêcheur se marre.

«Le dernier avant la pause. C'est du maquereau.»

Du maquereau. Gentil maquereau, huileux, lisse, sans épines. La dernière fois que j'ai eu affaire à du maquereau, je ne savais pas comme la vie était belle. Je me bats avec le poisson, j'en balance des brassées dans le trou. Je vais trop vite, qu'ils aillent se faire foutre, c'est le dernier filet avant la pause. Qu'ils se dépêchent. Je sens maintenant des crampes dans les bras et dans les jambes.

Quand je me penche pour me servir de la pelle, j'ai le dos en feu. Le salaud qui m'a retiré de la préparation voulait me tuer. C'était ça le sens de son regard. Ils ont essayé de m'enterrer dans le poisson, et si je survivais, j'aurais le pire boulot sur ce putain de bateau. Les enfoirés. J'adore cette merde. Encore des maquereaux dans le trou. Encore, encore, encore. Quand le dernier poisson est parti je suis presque prostré, et j'entends le verrou de ma porte glisser. Je me retourne, bien droit, comme si je revenais tout juste d'une promenade dans le parc. Tuez-moi, s'il vous plaît.

Le contremaître me regarde. Il éclate de rire. «Les sébastes auront ta peau, hein?»

Je regarde ma combinaison. Je suis couvert d'aiguilles rouges, comme un porc-épic géant. Mes gants aussi. Je lève la main pour me gratter le nez et je manque de m'éborgner.

«Fais une pause. C'est du bon travail.»

«Tu sens le poisson, me dit Chris à la cantine. Je sais que nous travaillons dans le poisson et que nous sentons tous le poisson, mais toi, tu sens vraiment le poisson.»

Le doux balancement du bateau ne me gêne plus, sauf quand j'essaie de siroter mon café. Je m'en mets sur le menton. Je m'aperçois que ce n'est pas la faute du bateau: mes muscles viennent de se figer. Je m'envoie une tasse de café brûlant dans la figure, et plus j'essaie de me contrôler, pire c'est.

«Du calme, du calme, dit Chris en me prenant la tasse. Ça va?»

Malgré moi, j'ai une crise de fou rire. En plus, je perds la boule. Ensuite mes jambes se mettent à vivre leur vie, elles cognent contre la table. Je suis en train de perdre le contrôle de mon corps.

Un autre contremaître qui passe par là me voit me convulser. « Tu pousses en ce moment ?

– Ouais ?

– C'est la première fois ?

– Ouais.

– Va prendre une douche chaude. Laisse tomber la fin du poste. »

C'est un ordre rare. Personne ne peut manquer la fin d'un poste, pas dans un travail au pourcentage. Tout le monde obtient le même, nous avons donc tous de bonnes raisons de nous assurer que chacun fait sa part. Mais je ne vois pas à quoi je pourrais servir à présent que j'ai une sorte de paralysie convulsive. Je monte aux douches.

Il y en a six, pour cent quatre-vingts ouvriers ; trois pour les douze femmes du bord et trois pour les cent soixante-huit hommes. Comme nous sommes divisés en deux équipes de quatre-vingt-dix, je me réveille et je vais travailler avec plus de quatre-vingts individus qui utilisent trois douches. Une douche dure en moyenne une minute. Personne ne règle la température de l'eau ; nous sautons dessous, nous nous savonnons, et nous ressortons. C'était pareil sur le *Rayford*. Mais aujourd'hui je suis libre pendant que mon groupe travaille et que l'autre dort, et j'ai trois douches pour moi seul.

C'est le genre de choses qui font que la vie vaut la peine d'être vécue. Une demi-heure de douche chaude, l'eau qui court sur mes muscles martyrisés pendant que j'écoute le bruit des moteurs de l'atelier en dessous. Intimité, chaleur. Pour la première fois depuis cinq mois, personne n'attend derrière la porte. Je sors de la douche tout fumant. Je me glisse dans ma couchette et je dors, le premier vrai sommeil détendu depuis mon arrivée sur le *Royal Golden*.

Il est de courte durée. Environ une heure plus tard, je suis réveillé par de nouvelles crampes, sauf que maintenant je me trouve sur une couchette étroite avec quelqu'un de l'autre équipe au-dessus de moi. Les couchettes vont par trois et je suis dans celle du milieu. Plus j'ai de crampes dans la jambe, plus j'essaie de la remuer pour atténuer la douleur, et plus elle se contracte. Je ne peux pas sortir de ma couchette parce que je ne dispose que d'un espace de soixante centimètres. La douleur est intolérable, je hurle et le type au-dessus de moi passe la tête dans ma couchette.

« Qu'est-ce que tu fous ? On essaie de dormir. »

Malgré la douleur, je me sens gêné. « Il faut que tu m'aides à sortir de là. Je suis bourré de crampes. »

Le type secoue la tête d'un air dégoûté, mais il descend et m'aide à sortir de la couchette. Il me pose par terre et regrimpe sous ses couvertures.

Pendant un moment j'essaie de détendre mes muscles. C'est beaucoup plus facile maintenant que j'ai de l'espace, et je finis par m'endormir sur place.

Le contremaître me réveille d'un petit coup de botte. « On a besoin de toi pour un poste de dépannage. Tu as été libéré plus tôt, alors tu t'y remets aussi plus tôt. »

Les postes de dépannage sont des demi-postes supplémentaires que chacun doit effectuer de temps à autre. C'est mon tour. Je me redresse, j'essaie mes jambes. Je sens une douleur légère, mais au moins je peux les contrôler.

« Tu veux travailler où ? » Il a une fiche en main. « Tu as fait du bon travail aujourd'hui. Tu veux y retourner ?

– D'accord. »

Je suis de retour dans la pièce au poisson avec ma pelle en caoutchouc. Maintenant que je sais à quoi m'attendre, je trouve mieux mon rythme. Après chaque filet, je m'étire, j'essaie de me détendre. Il y a une barre au plafond près d'un des coins et je peux faire une traction dessus pour ne pas être enterré vivant quand le poisson déboule. C'est visiblement ce pour quoi la barre est là, mais personne n'a pris la peine de me l'expliquer. Je garde une paire de gants supplémentaire pour pouvoir les mettre par-dessus les miens quand vient le sébaste et éviter d'être piqué à mort. Une fois que j'ai appris quelques petites astuces de ce genre, la pièce au poisson devient mon chez-moi.

Vers la fin du voyage de deux semaines, je me vois un matin dans la glace en sortant de la douche et je remarque que j'ai pris des kilos de muscle dans les épaules et les biceps. J'ai l'air d'un culturiste. Je découvre le premier bienfait de la pièce au poisson. Le second c'est que peu importe où on m'affectera désormais, ce sera toujours mieux que ce que je fais en ce moment. La réception du poisson est réputée le pire travail sur le bateau, et elle donne un certain statut. Quand notre cale est pleine et que nous rentrons au port, on me donne le travail le plus facile : aider les pêcheurs à réparer les filets sur le pont. Je peux apercevoir Dutch Harbor qui apparaît au loin, la première terre que nous voyons depuis seize jours, une jolie vue avec les montagnes brumeuses et les petites baraques qui parsèment le paysage.

Comme à chaque voyage, il y a un changement d'équipe. Ceux qui ont fini leur contrat de trois voyages font leurs adieux, et nous recevons de la viande fraîche – des petits nouveaux qui viennent de descendre d'avion. Des étudiants grisés à l'idée de travailler en Alaska courent sur le pont, s'émerveillent devant les montagnes et les grues géantes, plaisantent et s'efforcent d'être attentifs aux explications du contremaître. Ces gamins ont quitté le monde depuis moins d'une journée, un monde dont je me rends compte que j'ai presque tout oublié. Un monde de restaurants où le client est toujours roi, où il y a des cafés au coin de la rue, des vêtements de stylistes, MTV, des chaussures de sport à cent cinquante dollars, et où tout le monde a une voiture, où une douche quotidienne de plus d'une minute est une réalité.

Je vais adorer les regarder souffrir.

Je n'ai pas beaucoup vu Chris depuis que nous avons été engagés sur le *Royal Golden*, mais les contremaîtres l'ont pris en amitié, tout comme je l'avais fait chez Rayford. On lui propose le poste de chef d'équipe à la réfrigération pendant le deuxième voyage, et il demande à m'avoir avec lui. Je suis retiré de la pièce au poisson et un des nouveaux va me remplacer.

La réfrigération, c'est être payé à ne rien faire, une partie de plaisir. Tout ce que j'ai à faire c'est rester dans une immense chambre froide où je porte une tenue qui ressemble à celle des cosmonautes, mais sans le casque, et j'empile les caisses qui arrivent sur un tapis roulant. Chris et moi sommes seuls ici, c'est calme, on n'entend que le ronronnement de l'unité frigorifique et le chuintement que produit chaque caisse qui arrive toutes les cinq secondes. *Whoosh.* Nous avons d'agréables conversations sur les thèmes favoris en Alaska – ce que nous allons faire avec tout notre argent quand nous rentrerons chez nous.

«Je vais monter ma propre affaire, me dit Chris. Avec dix mille ça suffira pour démarrer.

– Une affaire de quoi?

– Je sais pas.

– Ça devrait rapporter.

– Et toi, gros malin, tu vas faire quoi?

– Aucune idée.

– Bien pensé.

– Va te faire foutre.

– Toi-même. »

Bill Gates a dû avoir ce genre de conversations avant de lancer Microsoft.

Pour rompre la monotonie des allées et venues et des caisses dans les bras, nous inventons un jeu. Nous posons la tête sur la glissoire devant le tapis roulant et nous restons là aussi longtemps que possible, pour nous retirer à la dernière seconde avant qu'une caisse de vingt-huit kilos de poisson surgelé ne nous écrabouille. C'est celui qui retire sa tête en dernier qui gagne.

Il ne faut que quelques caisses avant que l'inévitable se produise. Chris est presque KO et j'ai le nez en sang. Tandis que nous tâchons de nous ressaisir, les caisses continuent d'arriver. Elles roulent sur le tapis puis tombent par terre en fin de course, et s'entassent au bout.

« Bon Dieu, ma tête », grogne Chris.

Je pense m'être cassé le nez, mais ça ne me fait pas trop mal, je me relève et me remue. Chris est sonné. Il essaie de se redresser mais la pièce tourne autour de lui, et le fait de se trouver dans un bateau qui bouge n'arrange rien. Il vomit et son vomi se pétrifie instantanément.

J'essaie d'attraper une ou deux caisses et de les ranger moi-même pendant que Chris récupère, mais il ne retrouve pas son équilibre. De nouvelles caisses arrivent pendant que je le regarde essayer encore de se relever.

« Je vais te mettre dans le monte-charge. Leur faire arrêter la chaîne un moment. On dira que c'était un accident.

– Non. Ils me réduiraient mon pourcentage. » Il essaie encore une fois de se relever.

Whoosh. Whoosh. Je ne peux pas m'en sortir avec cette pile de caisses au bout du tapis. Nous avons intérêt à donner l'alerte bientôt, sinon les contremaîtres seront furieux.

« Ça ira dans une minute », grogne Chris.

J'attrape une caisse et je cours l'empiler, puis une autre, je fais le double de travail. Je vais et je viens en courant et en essayant de prendre deux caisses à la fois. Le sol est glacé et les caisses sont lourdes et peu maniables. Nous avons maintenant une mer forte et le sol se met à monter et descendre, les caisses glissent. C'est difficile de marcher, encore plus de courir, mais je fais de mon mieux. Bientôt, il ne reste plus que quelques caisses au bout du tapis et je shoote dedans pour les amener jusqu'à la pile tout en en transportant deux autres.

Chris est parvenu à se relever. Il me regarde travailler jusqu'à la fin de l'heure et nous montons faire la pause, et dire au contremaître qu'il a glissé.

« Pourquoi tu saignes du nez ? me demande le contremaître soupçonneux.

– Je suis tombé moi aussi.

– Vous vous seriez pas bagarré ?

– Jamais de la vie. » Je dois avoir l'air suffisamment fâché pour qu'il ne pose pas d'autres questions. Il nous regarde avec circonspection.

Mais Chris est baisé. Quand quelqu'un a un accident de travail sur un bateau où on paie au pourcentage, c'est un poids mort. La compagnie préfère qu'il reste dans sa cabine pour que les autres ne puissent pas être témoins de son inutilité. Les blessés doivent prendre leurs repas à des heures particulières, après les autres, on les isole efficacement du groupe. Le but est de décourager les employés de se déclarer invalides. La compagnie espère que, quelle que soit votre blessure, vous continuiez sans en informer personne.

Les démissionnaires reçoivent le même traitement, mais presque personne ne démissionne ouvertement. Une démission fait presque toujours appel à une douzaine de maux revenus soudain en mémoire, entorse du genou, syndrome du canal carpien, ou encore accident de voiture d'un proche, etc. Comme on n'arrive jamais à prouver à cent pour cent qu'une blessure est feinte, on fait comme si tous ceux qui déclaraient être blessés mentaient. Et Chris, qui est un très bon ouvrier réellement blessé, est traité comme un chien. Il va devoir passer une semaine et demie enfermé dans une chambre en attendant que la cale se remplisse avant de pouvoir rentrer chez lui.

Pour me faire expier mes péchés, on m'envoie un nouveau m'aider dans la chambre froide.

Je suis contrarié d'avoir perdu un ami avec qui j'aimais travailler, et je le suis encore plus après avoir fait la connaissance de William. C'est le gamin le plus geignard que j'aie jamais rencontré. Il y en a qui devraient commencer par ne jamais venir en Alaska. Il ne pense qu'à rentrer chez lui.

Il est à bord depuis moins d'une semaine et les contremaîtres l'ont déjà changé trois fois d'affectation en essayant vainement de lui trouver quelque chose qui ne le fasse pas geindre. Il faut reconnaître qu'ils s'efforcent vraiment de trouver une niche où chacun puisse travailler au mieux; mais avec William ils ont renoncé. Ce gamin ne donnera rien, et ils l'ont flanqué en bas avec moi pour ne plus le voir.

Je prends ça comme un défi. Je vais transformer ce garçon. Quand j'en aurai fini avec lui, il adorera ces caisses, il protestera quand on lui dira de faire une pause. C'est ma chambre froide et, ici, on bosse ou on gèle.

William a l'habitude originale de s'asseoir entre deux arrivées de caisses, ce qui me paraît un énorme gaspillage de forces puisque les caisses arrivent toutes les dix secondes pour chacun de nous. Ça équivaut à faire le poirier entre deux transports. C'est sa façon à lui de protester, en s'asseyant, sa façon de dire qu'il veut faire une pause ; mais, du coup, il en a encore plus besoin.

Je prends ma plus grosse voix pour lui dire : « Arrête de t'asseoir entre deux efforts. Tu gaspilles tes forces.

– Vous êtes pas surveillant. » Il boude, il transporte une caisse en traînant les pieds, revient, toujours en traînant les pieds et s'assoit trois secondes avant que la caisse suivante déboule.

« Tu te fatigues pour rien. Il faut rester debout.

– Vous êtes qui ? Rien qu'un type qui travaille dans une chambre froide. Vous êtes pas surveillant. » Il se rassoit.

Ça dure à peu près un quart d'heure, et finalement il arrive au bout de ses maigres forces. Je prends une caisse, et quand c'est son tour il laisse tomber la sienne au bout du tapis.

Je prends celle qui me revient et je lui dis : « Ramasse ta caisse.

– J'ai besoin de m'asseoir. »

Je pose ma caisse sur la pile et il en laisse tomber une autre. « Ramasse tes caisses, tête de nœud ! C'est pas l'heure de la pause ! » Jamais je n'ai travaillé avec quelqu'un qui ait atteint un tel niveau d'apathie. Je ne renonce pas. Il est mon expérience personnelle, et je vais faire de lui une machine à empiler les caisses parfaitement au point. « Ramasse ta caisse ! »

Il s'assoit, le regard vide. Je m'approche de lui et je me colle devant lui nez à nez. « Ramasse ta caisse ! Ramasse ta caisse ! Ramasse ta caisse ! RAMASSE TA PUTAIN DE CAISSE, BORDEL DE MERDE ! »

Il se lève et se remet au travail sans un mot.

J'ai une lueur d'espoir. Je suis le sergent instructeur au grand cœur, mais sévère, et il est le deuxième classe indécrottable que je vais mater.

« Comment va la chochotte ? me demande un des contremaîtres.

– Il se défonce. Une vraie bombe.

– Sans blague, c'est sérieux ?

– Vraiment. Il travaille bien. »

Le contremaître me regarde de nouveau d'un air méfiant. Il ne croit plus rien de ce que je lui dis. Il hausse les épaules. « D'accord, tu le gardes.

– Ça me va. »

À la reprise, rien n'a changé, c'est peut-être même pire. William s'assoit entre deux caisses et commence à les laisser choir au bout d'une heure. Je n'ai pas la force de continuer à l'engueuler, j'essaie de le raisonner.

« Écoute bien. Tu es coincé ici. Tu as signé un contrat. C'est seulement pour neuf semaines. Pendant neuf semaines, tu n'as rien d'autre à faire que mettre des caisses en pile. Ensuite tu rentres chez toi avec cinq mille dollars. Pense aux cinq mille dollars, mec. Pense à ce que tu vas faire avec tout cet argent. »

Il reste assis, le regard vide.

« Où est-ce que tu habites ?

– Dans l'Oregon.

– Tu vis seul ?

– Avec mon père. C'est un sale con. Il arrête pas de me mettre à la porte.

– Cinq mille dollars, mec. Tu en auras fini avec ces conneries. Cinq mille dollars, tu t'installes chez toi. Cinq mille dollars. Les femmes te mangeront dans la main. Penses-y. » Je suis regonflé à bloc en imaginant la belle vie que j'aurai quand je sortirai de ce trou à merde. William ne dit rien, alors je lui parle de mes projets, qui me viennent à mesure que je parle. Je vais verser une caution pour un bel appartement en plein centre-ville, acheter des meubles, faire installer le câble en toute légalité et rester toute la journée le cul sur mon canapé de cuir tout neuf à regarder de la mauvaise télé. Je vais sortir avec de belles femmes et les emmener se promener au bord de la rivière. Je vais me trouver un bon boulot que je supporte, où je travaillerai avec des gens que j'aime bien à quelque chose qui me satisfera, où je serai content de moi, tout en gagnant assez d'argent pour payer mes factures et en économisant peut-être un peu chaque mois. Quand vous avez cinq mille dollars, ça vous laisse le temps de chercher vraiment quelque chose de convenable. Je dis tout ça à William et je me rends compte que je suis emporté par mon propre enthousiasme.

«Je laisse tomber», répond William.

Je l'annonce au contremaître. «Ce con laisse tomber.

– Il quoi?

– Il a démissionné. Il veut rester dans sa cabine jusqu'à ce qu'on rentre à Dutch.

– Je croyais que c'était une bombe.

– Il promettait. J'ai peut-être un peu exagéré.

– Tu déconnes.» Le contremaître lève les yeux au ciel. «Je vais t'envoyer quelqu'un d'autre. Je ne veux pas qu'il soit blessé à la tête ni que tu le forces à démissionner.

– D'accord. Alors donnez-moi quelqu'un qui vaille quelque chose ce coup-ci.»

«Je sais ce que je vais faire avec mon fric», me dit Little Jimmy. C'est mon nouveau partenaire, un bavard intarissable, hyperactif et énergique, tout ce que William n'était pas. Il a déjà eu sept contrats sur le *Royal Golden*, presque un an de sa vie. Il est couvert de tatouages et on dirait qu'il saigne du nez en permanence, ce que les autres mettent sur le compte de ses défonces à la coke entre deux contrats. Comme son saignement de nez exclut qu'il soit en contact avec le poisson non protégé, il travaille à la congélation, et il n'aime pas ça.

« Je vais aller à Tahoe et tout jouer d'un coup à la roulette. Quitte ou double, mec. »

J'ai un mouvement de recul en entendant ça. Je ne suis pas exactement le meilleur gestionnaire du monde, mais après quatre mois chez Rayford et deux semaines dans la pièce au poisson, l'idée de voir une bille sauter dans une case rouge et me ruiner de nouveau est presque un crève-cœur.

Je le supplie. « Ne fais pas ça. »

Il hausse les épaules. J'ai une meilleure idée ? « Et toi, qu'est-ce que tu vas faire ?

– Verser une caution pour un chouette appartement. »

Il hoche la tête d'un air entendu. « Un chouette appartement. Pourquoi pas. Moi j'ai un plan.

– C'est pas un plan, imbécile.

– La ferme. Tu te prends pour ma mère ?

– Tu te tues pour donner ton fric à des propriétaires de casinos.

– Et toi à des propriétaires tout court. »

Je me tais. Il a raison. Il m'explique. « Je vais te dire une chose, mec. L'argent, on en a ou on n'en a pas. Toi et moi on n'en a pas. »

Je ne suis pas sûr de vouloir être mis dans le même panier que lui. Je ne suis pas ici pour ma prochaine bringue à la coke ou pour cinq minutes devant le tapis vert. Je suis ici pour gagner ma vie, commencer une vie, avoir des choix de vie. Mettre une certaine distance entre moi et les gars qui mendient dans la rue.

Mais Little Jimmy peut empiler des caisses comme une tornade. J'ai du mal à suivre son rythme quand il revient en courant vers le tapis, et parfois il prend ma caisse en même temps que la sienne.

« Quand tu as appris à bouffer de la merde, tu t'aperçois que c'est pas si mauvais que ça », dit-il. Voilà un beau principe de vie. Je veux le conseiller, lui expliquer certains points de gestion financière. Vu comme il travaille dur, il devrait arriver quelque part, construire quelque chose. Mais il s'en moque. Toute cette énergie, toute cette application, et rien au bout du compte. Il finira comme William, qui lit des BD là-haut, vautré sur sa couchette, en imaginant son heureux retour chez lui quand son méchant père viendra le chercher à l'aéroport.

« Tu peux pas tout jouer à la roulette. C'est idiot.

– Pas si je gagne.

– Si tu gagnes, tu rejoueras jusqu'à ce que tu perdes.

– Sans m'arrêter. Maintenant tu as tout compris. »

Parfois ça me mine. Ça nous mine tous, mais il y a des jours pires que d'autres. Certains jours vous vous traînez hors du lit et vous peinez à enfiler votre pantalon à cause du tangage, vous n'avez qu'une envie, retourner sous les couvertures et sangloter. Vous avez les nerfs à vif, au sens propre, ils crient de douleur et ne supportent aucun contact, même pas qu'on prononce votre nom. Ces jours-là, vers la fin du voyage, dans la file du petit déjeuner, nous remplissons notre assiette dans le brouillard, nous nous asseyons et la vidons en silence. Même Little Jimmy est assez épuisé pour se taire. Je me glisse dans ma tenue de cosmonaute pendant que les autres mettent leur combinaison imperméable. Même les types qui viennent de finir leur poste ne parlent pas beaucoup.

À force d'attraper les caisses, mes mains sont comme des griffes, et chaque matin les muscles doivent se détendre de nouveau. La première demi-heure est la pire, j'ai encore l'estomac lourd du petit déjeuner, l'esprit encore engourdi de sommeil. Des jours comme ça, et ils le sont presque tous à présent, c'est bien de travailler avec Little Jimmy, quelqu'un qui fait ce boulot depuis assez longtemps pour y arriver les yeux fermés et qui est toujours prêt à faire sa part.

Au bout d'une heure, je manque un verrou. Quand nous empilons les caisses, nous devons orienter différemment celles de chaque cinquième rangée. Cette rangée s'appelle un verrou, et elle rend les piles plus stables. Si toutes les rangées étaient empilées de la même façon, quand elles font quinze ou seize caisses de haut, ce serait comme un entassement de briques sans mortier, prêt à s'effondrer au premier mouvement du bateau. Jimmy me montre le verrou et je dois me précipiter pour le corriger. Puis je manque le suivant, et il se fâche.

Énervé, il crie: «Réveille-toi, mec.» Je note de compter les piles, mais j'ai l'esprit ailleurs. Bien décidé à ne pas manquer le verrou, j'en mets un sur la quatrième rangée.

Il gueule: «Merde, qu'est-ce qui t'arrive?» Je trouve qu'il exagère et je lui demande de se calmer.

«Comment ça, me calmer? Tu sais pas compter jusqu'à cinq?

– Ta gueule. Ressaisis-toi.

– T'es qu'un pauvre taré.»

Je m'apprête à lui rentrer dedans quand le tapis roulant s'arrête. Nous nous regardons, nous pensons la même chose. Incident mécanique. Chaque fois que quelque chose tombe en panne, nous avons tous la même lueur d'espoir. Les pannes, c'est une pause imprévue.

D'habitude, ça ne dure qu'une minute et ça repart. Bien entendu, nous ne souhaitons pas que ce soit irréparable, nous ne gagnerions plus autant. Mais une pause de vingt minutes de temps à autre est une rare bénédiction.

La porte du monte-charge s'ouvre et la tête d'un contremaître apparaît. « Pause. Montez, les gars. »

Nous nous sourions, nous nous tapons dans la main. Il y a des jours où vous ne vous en sortez pas. Vous ne devriez pas être là. D'autres où vous avez un répit. Nous mangeons des cookies et nous bavardons à la cantine pendant quatre heures tandis que les électriciens vont et viennent en jurant. Quelques-uns parmi nous posent la tête sur la table en Formica et font un somme. Quand nous entendons la chaîne repartir, il ne nous reste plus qu'une heure de travail.

« On a perdu beaucoup de temps, donc nous devons faire un poste de dépannage pour le rattraper », annoncent les contremaîtres. Mais ça nous est égal. Nous avons fait une pause. Nous avons eu un peu de temps libre quand nous ne nous y attendions pas. Ç'a été merveilleux.

La cale est pleine et nous sommes en route pour Dutch, mon contrat est terminé. À votre dernier voyage, ils ne vous font pas décharger. Ils vous font remplacer par les nouveaux arrivants. Ils considèrent qu'après neuf semaines de mer, si vous devez recevoir un chèque de cinq mille dollars et un billet d'avion vous avez du mal à vous concentrer sur votre travail, alors ils vous libèrent.

À une journée de Dutch Harbor, le contremaître nous annonce une réunion de tout le personnel qui a été engagé à Dutch.

« J'irai droit au but. La compagnie ne vous paiera pas votre billet de retour. »

Nous le regardons pétrifiés. La compagnie n'est disposée à payer le billet d'avion qu'à ceux qu'elle a elle-même fait venir en Alaska. Elle n'a aucune obligation de payer notre retour à Seattle puisque nous avons tous été engagés au départ par une autre compagnie. Mes cinq mille dollars ne sont plus que trois mille cinq cents.

«Je sais que c'est injuste, parce que vous avez tous fait du bon travail», nous dit-il, mais le reste n'est que blablabla de la direction. Ce n'est pas lui qui décide, nous le savons tous. Faute d'obligation légale, il n'y a aucune obligation. Ainsi va le monde.

Je hausse les épaules. C'est fini. J'ai tenu bon. Je voulais cinq mille dollars, mais je prendrai ce que j'aurai.

«Nous allons quand même vous installer dans un dortoir», nous dit-il. C'est apparemment la tradition de permettre à ceux qui ont fini leur contrat de faire la fête la veille de leur vol. Nous avons un dortoir à nous, où il est permis d'apporter de l'alcool et tout ce que nous pourrons trouver.

Nous sommes trop fatigués pour discuter. De toute façon, à quoi bon? Nous quittons la cantine en traînant les pieds pour un dernier poste de nettoyage.

Pendant que je fais mon bagage, un sac de marin plein de vêtements sales et déchirés, un Mexicain qui partage la chambre depuis trois semaines entre, tout excité, et me fait signe de l'accompagner. Je le suis sur le pont, au soleil, où les préparateurs ne sont presque jamais autorisés. Il m'indique l'avant.

Là, je vois la queue d'une baleine qui fouette l'écume. Elle est énorme. J'ai l'impression que la queue seule fait à peu près la taille du bateau. Nous l'accompagnons pendant un moment et je vois des jets d'eau jaillir de son évent. Le Mexicain et moi, qui ne nous sommes jamais parlé, restons là quelques minutes à contempler la baleine jusqu'à ce que nous virions. Il n'avait aucune raison de venir me chercher. Il aurait pu observer la baleine tout seul. Il y a des gens comme ça.

De l'autre côté du bateau, Dutch Harbor est en vue. Je rentre chez moi.

Le dortoir est une baraque sordide dans les mauvais quartiers d'une ville qui n'en a pas de bons. La route qui y mène est faite de boue gelée que même un tank trouverait difficile. Mais il y a des lits. De vrais lits.

Je suis assis sur le mien, dans une pièce où nous sommes six, et j'ai l'impression qu'il bouge. Après des semaines en mer, mon corps s'est tellement habitué au mouvement continuel du bateau que l'immobilité complète me donne un peu la nausée. Le mal de terre. Je me lève pour aller aux toilettes et le sol plan et immobile me prend au dépourvu. Je dois avancer lentement.

En revenant, je trouve un pêcheur qui parle aux autres étendus sur leur lit. « Tu peux lui demander, dit l'un d'eux au pêcheur en me montrant du doigt. Mais ça n'intéresse aucun de nous.

– Tu veux du boulot ? me demande le pêcheur.

– Je suis crevé. » Mais, par curiosité, je lui demande lequel, pour savoir ce que je rate.

« Pêche au crabe. Cinq mille pour deux semaines. Qu'est-ce que tu en dis ? »

Je regarde autour de moi. Tous ces types ont déjà dit non. Mais cinq mille dollars pour deux semaines de plus ? Puis je regarde mon lit. Il a l'air bon.

« Quel bateau ?

– Le *Killoran.* »

Je n'en ai jamais entendu parler. Je ne sais pas pourquoi j'ai posé la question, mais il croit à présent que ça m'intéresse. « Je ne sais pas comment on pêche le crabe. Je ne l'ai jamais fait.

– Ça fait rien. On a juste besoin d'un matelot de plus. On te formera. »

Ils me formeront. Dans une petite annonce, ça veut dire en clair : c'est un boulot de con, et personne ayant un peu d'expérience ne travaillerait pour nous. Qui sait, ici c'est peut-être différent.

« Qu'est-ce qui est arrivé au dernier type ?

– Il a laissé tomber. Il tenait pas le coup. »

Mes mains ont envie de saisir mon sac. Je les regarde comme si elles avaient une vie propre. Mes mains ont déjà décidé de partir. Je suis encore furieux de devoir payer mon billet d'avion, et ça compensera.

« On y va. »

Au bout de quatre jours sur le *Killoran*, je sais que j'ai enfin réussi. J'ai trouvé le travail le plus merdique du monde.

Je suis parvenu à trouver un emploi qui combine tout ce qui est désagréable dans la vie et bas salaire. Le salaire sera bas parce que j'ai été engagé au pourcentage et que nous ne prenons pas de crabes. Il y a quelques jours encore, la mer de Behring en était pleine, me dit-on. Mais nous arrivons à la fin dc la saison et les eaux ont été ratissées.

L'horrible, dans la pêche au crabe, c'est qu'il faut travailler aussi dur pour en prendre un qu'un millier. Il y a sur notre pont une cinquantaine de casiers en acier d'à peu près deux mètres de côté qui pèsent des centaines de kilos. Nous les faisons glisser sur le pont le long d'un dispositif qu'on appelle un chien, qui a des pinces pour les retenir pendant que nous mettons de l'appât dans le casier. Puis nous appuyons sur un bouton du chien et le casier plonge au fond de la mer de Behring. Tout se passe à une vitesse folle pour que le bateau n'ait pas à s'arrêter tout le temps.

Bien sûr, l'idée c'est que les crabes sentiront l'appât,

entreront dans le casier et seront pris. Quelques jours plus tard, nous retournons sur les lieux, nous tirons nos casiers, et nous déversons des tonnes de crabes sur notre pont. Mais ça n'arrive pas. Nos casiers sont presque vides. Certains contiennent quelques douzaines de crabes, mais aucun n'est plein. Si nous remplissions tous les casiers, nous pourrions avoir la cale pleine dans les deux semaines promises, mais à ce train-là nous allons rester ici au moins un mois.

Je me suis fait royalement baiser. Mais je me trouve sur un bateau en pleine mer de Behring avec quatre autres types. Rentrer n'est pas sur la liste des options. Démissionner et rester dans ma cabine non plus. Je le sais parce que j'ai posé la question. La seule option c'est pêcher le crabe, et ça ne se passe pas bien.

La première caractéristique de la pêche au crabe, c'est qu'elle permet à qui la pratique de mourir d'une centaine de façons différentes. Personne n'assure les pêcheurs de crabe, paraît-il, parce que ce ne sont pas de bons clients. Jusqu'à cinq pour cent sont tués ou blessés chaque année, ce qui n'est guère mieux que le risque de mourir au combat. Le pont est gelé la plupart du temps et les casiers peuvent vous tomber dessus, ce qui est la façon la plus fréquente de mourir. Avant de faire glisser les casiers, nous les accrochons à une grue, mais si le bateau tangue beaucoup, la grue n'est pas d'un grand secours. Parfois, quand le vent se lève, le casier peut se balancer comme un pendule fou de plusieurs centaines de kilos, en quête de quelque chose à écraser.

L'autre grand danger est de tomber par-dessus bord. L'eau est assez froide pour vous tuer en une minute environ, et la mer est assez agitée pour vous entraîner à des centaines de mètres du bateau en quelques secondes, rendant le sauvetage impossible. Une fois dans l'eau, vous êtes fini. Et mis à part la perte d'équilibre, facile sur un pont glacé en pente, il y a des douzaines de façons de se retrouver à l'eau. (Voir casier, plus haut.) Si quelqu'un appuie par accident sur le bouton du chien pendant que vous installez les boîtes d'appât, vous plongez avec le casier. Ou vous pouvez vous prendre les pieds dans les cordages de la bouée qui signale l'emplacement du casier immergé. Celui-ci entraîne les cordages, alors c'est prudent de s'éloigner d'eux quand vous le descendez.

Boris, le pêcheur qui m'a engagé dans le dortoir, a vu des hommes mourir de toutes ces différentes manières depuis qu'il a commencé dans le métier il y a trois ans. Je lui demande qui ils étaient.

« Des nouveaux. » Il se rappelle depuis combien de temps je suis là et ajoute vite : « Et ils n'écoutaient pas ce qu'on leur disait. »

J'écoute de toutes mes forces. J'écoute surtout le patron me crier dessus et me dire que je suis un imbécile.

« Qu'est-ce que tu fous ? crie-t-il dans le mégaphone du haut de la passerelle. Qu'est-ce que TU FABRIQUES, BORDEL DE MERDE ? » J'essaie de sortir du casier des crabes qui s'accrochent au filet, je sais que si on tire trop fort on arrache leurs pattes, et qu'ils projettent alors un poison qui tue les autres. Il faut donc être très doux avec ces petites bêtes.

Boris, qui est un pêcheur expérimenté et qui sait comment réagir face aux éclats du patron, me fait signe de laisser les crabes où ils sont. Il me dit avec gentillesse : « T'inquiète. Il en reste qu'un. On l'aura la prochaine fois qu'on remontera le casier. » Il me tend une nouvelle boîte d'appât et je la fixe dans le casier, j'en ressors d'un bond et John, le mécanicien, appuie sur le bouton. Plouf. Le casier plonge.

Je jouis de trente secondes de répit et d'oisiveté pendant que le *Killoran* halète jusqu'au casier suivant. Debout sur le pont, John lance un crochet autour de la bouée, qui n'est qu'un gros ballon de caoutchouc, et la ramène. Il attache le cordage de la bouée autour d'un winch, ce qui fait remonter la ligne et le casier des profondeurs en quelques secondes. S'il va trop vite, le casier peut cogner la coque et l'endommager. C'est donc un travail pour quelqu'un qui sait ce qu'il fait.

John est allé un peu trop vite avec le winch et le casier heurte la coque.

«John ! Foutu crétin ! Gaffe à mon bateau !» Bien que tout l'équipage connaisse son métier et travaille plutôt bien ensemble, le patron nous traite tous de foutus crétins au moins une fois toutes les heures. Comme il n'attend rien de moi qui suis nouveau, j'en prends moins que les autres. Je comprends maintenant pourquoi le type qui a démissionné avant moi «n'a pas tenu le coup». Boris me dit que par rapport à d'autres patrons le nôtre est gentil.

Nous remontons encore un casier à moitié vide, nous déversons les crabes sur le pont et les envoyons dans la cale avec des pelles. Je remets de l'appât dans le casier et plouf, il replonge.

Parce que nous travaillons dix-huit heures suivies de quatre heures de repos, je perds la notion du temps. Je ne sais plus depuis combien de temps je suis là. Je me réveille parfois dans le noir pour me coucher quand il fait jour. Je fais des quarts, c'est-à-dire que je passe des heures dans le poste de pilotage à regarder par la vitre et à essayer de rester éveillé, en cherchant à trouver le moyen de connaître la date exacte.

Chacun de nous doit faire un quart tous les deux jours, de sorte que nous avons deux heures de sommeil au lieu de quatre. C'est forcément très difficile de rester éveillé quand vous êtes seul dans une cabine sombre et silencieuse, épuisé au-delà de toute expression. Alors il y a un petit appareil pour vous réveiller par un bip toutes les douze minutes. Le bip est fort, et chaque fois qu'il a retenti je dormais comme une souche. Cette fois-ci, je suis décidé à rester éveillé pendant les douze minutes.

Je fouille la cabine à la recherche de quelque chose comme un livre de bord où soit notée la date. Rien. je suppose que le patron emporte tout quand il va se coucher. J'examine le Loran, un système de navigation sur lequel j'ai reçu une formation de dix secondes, et je remarque qu'il indique une date en bas à droite. Je pensais être là depuis neuf jours, mais ça en fait seize.

Le patron se réveille et vient me dire que nous allons tous avoir une journée tranquille. Tous sauf moi. Parce que je suis chargé de ce qu'il y a de plus simple à bord, les boîtes d'appât, je dois en préparer une centaine pendant que tout le monde dort.

Je vais dans la chambre froide où je trouve du cabillaud et des blocs de harengs que je casse au marteau. Je mets les morceaux dans les petites boîtes en plastique et je les ferme. Le jour va se lever et tout le monde dort, sauf Boris, qui est de quart. J'ai les doigts gelés et je suis trempé par l'eau qui arrive par paquets à l'avant. De l'huile de hareng dégouline sur le pont. Je devrai aussi me charger du nettoyage. Je titube comme un robot, la tête vide. Je ne pense même plus à rentrer, ni au temps que tout ça va encore durer. Je ne pense qu'aux dix prochaines minutes, et à quand je vais dormir.

Le cuistot est un Thaï du nom de Keno qui fait une bouffe dégueulasse, mais il ne le sait pas. Il verse des tonnes de sauce soja et de gingembre sur tout et ensuite il le fait cuire à feu trop vif, si bien que depuis deux semaines et demie je ne mange que du brûlé au parfum asiatique, que tous les autres ont l'air d'aimer.

Nous sommes à la cantine et le bateau tangue, ma bouffe merdique essaie de m'échapper et je jette ma fourchette. Je dis au cuistot: «Merde, il faudrait apprendre à faire la cuisine.» Je me lève et je jette mon repas à la poubelle. Il me frappe.

Nous nous battons pendant quelques secondes avant qu'on nous sépare. Nous nous rasseyons tous. Je prends une boîte de crackers Ritz dans la réserve, ils restent en poudre dans ma bouche sèche. Personne ne se regarde. La pause s'achève, nous remettons nos combinaisons imperméables et nous remontons sur le pont en silence.

Quand le dernier casier a été remonté, le patron annonce calmement dans le mégaphone: «OK, les gars, nettoyage.» Je n'ai encore jamais entendu cet ordre et j'interroge John du regard. Il hausse les épaules.

«Nettoyage du pont, m'explique-t-il. On rentre à Dutch Harbor.

– Mais la cale n'est pas pleine.

– Il abandonne, dit Boris. Les premiers crabes qu'on a pris sont en bas depuis déjà deux semaines. Ils seront morts si on les décharge pas bientôt. En plus, quand les gars commencent à se battre, c'est généralement le moment de rentrer.»

On rentre. Tout simplement, c'est fini.

Pendant le retour à Dutch, le patron saisit toutes les occasions pour nous dire combien nous l'avons tous déçu. «J'avais encore jamais fait une pêche pareille. Vous avez pas arrêté de vous bagarrer. Comme des taulards. Vous êtes qu'une bande de salauds paresseux.

Vous me dégoûtez.» Il continue pendant les repas. La première fois, j'ai été blessé, parce que j'avais vraiment mis tout mon cœur dans ce travail pourri pendant trois semaines. Mais à présent je ne l'écoute plus et je m'imagine comme ça va être bon de me coucher à l'auberge de jeunesse de Seattle, de quitter ce bateau de merde et cet Alaska de merde. Tout en le regardant me dire que je ne vaux rien, je pense à la bière que je boirai sur Pioneer Square.

«Tu connais rien à la pêche au crabe», conclut-il.

Aucune discussion là-dessus. J'avais été très clair quand il m'a engagé.

Quand il n'est plus là, Boris hausse les épaules en riant. «Il déteste quand on prend pas beaucoup de crabe. C'est un amour quand les casiers sont pleins.

– Je l'emmerde.»

Nous arrivons à Dutch, et je suis en train de ranger mes affaires dans mon sac marin quand le patron entre. «Toi et Boris vous allez chercher des provisions en ville. Et on repart demain matin.

– J'ai fini.

– Ton contrat mentionne un chargement. Nous avons fait seulement la moitié d'un chargement.

– Boris m'a dit deux semaines. Je les ai faites, et davantage.

– Je sais pas ce que Boris t'a dit. Tu as signé un contrat.»

Avant de monter à bord du *Killoran*, j'ai signé un contrat avec un passage imprimé tout petit que je n'ai pas pris la peine de lire ; coup classique. C'était plus long que la Constitution. Au bout de la première phrase, quand j'ai vu que mon pourcentage était d'un tiers d'un pour cent de notre prise totale, j'ai signé.

«Payez-moi ce que vous me devez.

– Tu as que la moitié du tiers.
– C'est bon.
– Descends de mon bateau.
– Pas avant d'avoir mon chèque. »

Il sort.

Il revient une heure plus tard avec un chèque – quatre cent trente-huit dollars.

« Vous vous foutez de ma gueule.

– Tout est là », me dit-il. Il s'attendait à ce que je discute et il a apporté une copie du contrat, et une copie du chèque qu'il a reçu du mareyeur. Il sort une calculette et quelques reçus. Je regarde le chèque et je m'aperçois que j'ai été débité aussi de l'essence qu'a utilisée le *Killoran*, et de la nourriture que nous avons mangée. Après ces déductions, c'est tout ce qui me reste.

« Vous m'avez fait payer pour la bouffe que m'a faite ce foutu cuistot ? Si j'avais su que je la payais, je me la serais faite moi-même. »

Il hausse les épaules.

« Ç'a pas été une bonne pêche », me dit Boris en voyant mon chèque. Mais il ne peut pas vraiment prendre mon parti parce qu'il repart demain matin. Et je ne peux pas me plaindre aux autorités parce que si je me montre au tribunal je me ferai embarquer pour avoir lâché mon travail d'intérêt général.

Je serre la main de Boris et me rends à l'aéroport de Dutch Harbor.

Je suis dans un avion qui vient de décoller de Dutch, et je vois au-dessous les montagnes couvertes de neige. Je me sens comme un prisonnier qui va retourner dans le monde à la fin d'une longue peine.

Je me suis fait baiser, mais ce sont des choses qui arrivent. Qui arrivent souvent. Personne n'est là pour se battre pour vous. Il y a longtemps, avant la Dépression, le mouvement ouvrier était un groupe d'hommes courageux debout face aux milices armées de Pinkerton avec une seule idée: être traités avec justice. Aujourd'hui c'est une bande d'Italiens qui s'enterrent les uns les autres dans le béton des stades. Quand vous êtes baisé, vous êtes baisé, et si vous vous plaignez vous êtes un pleurnicheur.

Voilà ce que c'est de se battre pour les pauvres, on peut devenir riche en le faisant. On n'est plus pauvre. Alors pour qui se bat-on?

Regardez l'Union soviétique, un pays fondé sur l'idée que ceux qui travaillent pour vivre devraient être respectés, protégés. Ça n'a pas bien marché. Cette expérience sociale sert à présent d'histoire édifiante pour quiconque pense que ceux qui travaillent pour gagner leur vie ont des droits. C'est presque une justification pour ne pas respecter vos ouvriers, pour leur pisser dessus de toutes les manières possibles, pour promouvoir l'idéal capitaliste éprouvé. Hé, je crois que je vais garder l'argent de ton billet d'avion. Pourquoi? Parce que les États-Unis sont toujours là tandis que l'Union soviétique s'est cassé la gueule. Si ça te plaît pas, va te prendre un ticket de pain à Moscou.

Je traverse l'aéroport de Seattle et j'aperçois des toits de hauts bâtiments, des bus, des routes, des femmes, toutes choses que je n'ai pas vues depuis un temps fou. Au moment où je sors, Little Jimmy arrive dans l'autre sens.

«Retour au boulot, mon frère», dit-il et il rit en passant devant moi. Mais son rire est faux et sans joie, et Jim ne me fait aucun signe.

Je m'installe à l'auberge de jeunesse de Seattle et je déguste une bière, la bière dont je rêve depuis sept mois. Je regarde les clients du bar, une bande disparate. Combien sont heureux dans leur travail? Combien sont heureux de leur compagnon ou de leur compagne, et de leur appartement, ou de l'animal qui vit avec eux? N'est-ce qu'un ensemble de compromis, de meilleures solutions possibles vu les circonstances?

Il y a près d'ici un centre d'entraînement des Forces spéciales et je me retrouve à bavarder avec un sergent des bérets verts qui revient de la jungle où il s'est égaré pendant treize jours. Il boit la bière dont il rêvait depuis deux semaines.

«Pendant que j'étais là-bas, j'ai compris quelque chose sur la vie», me dit-il après que je lui ai raconté mes malheurs en Alaska. Il essaie de fixer le regard sur moi à travers son brouillard tandis que j'attends la voix de la sagesse. «L'eau potable.

– L'eau potable?

– L'eau potable.» Il hoche la tête d'un air pénétré en contemplant sa bière. «Tant que tu as de l'eau potable, tu as pas de vrais problèmes.»

C'est le genre d'opium du peuple à la manque qu'on trouve partout maintenant, sur les autocollants des pare-chocs, sur les petits imprimés que les gens me laissaient en guise de pourboire quand j'étais serveur. Il y a quelque part une fille de dix-neuf ans qui est tombée enceinte ou un père de trois enfants qui vient de perdre son travail. Ils croient qu'ils ont de vrais problèmes, et je parie que le robinet de leur cuisine marche très bien. Mais je suis prêt à accorder à ce type le bénéfice du doute. Après avoir frôlé la mort, vous pouvez raconter ce genre de conneries pendant quelque temps. Il tombe de son tabouret et on le jette dehors.

Je discute avec une représentante dans une entreprise qui vend de la cire d'abeille. Elle me parle de tous les usages du produit. À l'entendre, il sert à peu près à tout, et elle ne s'arrêtera pas avant qu'on en fasse des voitures. Elle travaille avec énergie et enthousiasme, mais je sais que si je la revois dans un an elle sera excitée par son nouveau boulot, qui consistera à vendre autre chose. Je lui demanderai : « Comment va la cire d'abeille ? – Oh, j'ai trouvé mieux. Maintenant, je suis CHEF représentante dans une boîte qui vend de la crotte de vison. » Elle a la mentalité qu'il faut dans les affaires, elle peut s'emballer pour n'importe quoi et la cire d'abeille n'est que sa toquade actuelle. L'important c'est son statut dans l'entreprise.

J'aimerais avoir ces œillères quand il s'agit de mon travail. Tout serait bien plus facile. Aller travailler, travailler et rentrer chez vous ; et peu importe à quoi vous passez votre journée du moment que vous gravissez les échelons. À fabriquer des voitures, vendre de la cire d'abeille, gazer des Juifs. Un boulot est un boulot.

C'est comme ça qu'on progresse dans le monde.

Je vais peut-être faire un essai.

INTERNET OU LE RAYON DE LA MORT DU CERVEAU

De retour dans le monde, avec de l'argent.

On dirait que le monde tout entier a changé pendant mon absence. Internet nous a sauvés. Quand je suis parti pour l'Alaska, il y avait des pauvres, des chômeurs, des gens coincés dans des emplois sans avenir. À présent, tout le monde a son projet Internet florissant.

Je l'apprends en sortant avec une fille, chose que je peux me permettre à présent, du moins pendant quelque temps. La fille travaille pour un site qui conseille les hommes qui veulent sortir avec des filles, et elle est la conseillère féminine de l'affaire. Elle écrit des articles sur le genre de fleurs qu'il faut acheter, où aller, comment mettre la femme à l'aise, quels nouveaux films aller voir – tous conseils de simple bon sens pour ceux qui en sont dépourvus. Le site est consulté des milliers de fois par jour et gagne des millions de dollars, il est coté en Bourse, où la valeur de ses actions monte en flèche.

Il y a vraiment des gens pour investir dans un site qui leur dit quoi faire quand on sort avec une fille. Les vieilles notions sur les investissements ont volé en éclats, de même que la courtoisie dans le service et notre capacité de construire des bateaux et des voitures. Ce n'est plus nécessaire d'avoir des compétences ou des matériaux pour devenir millionnaire. Maintenant vous pouvez simplement taper des clichés sur votre ordinateur et faire payer ceux qui les lisent.

J'essaie de ne pas paraître irrespectueux et je lui pose des questions sur son travail. Je ne cherche absolument pas à l'embarrasser, attendu que c'est une experte en rendez-vous. Je lui demande où elle trouve les informations qu'elle dispense. Elle doit sortir tous les soirs pour en savoir autant.

« En fait, je ne sors pratiquement jamais », répond-elle sans aucune ironie. Elle me le dit peut-être pour que je ne pense pas que c'est une traînée, ou peut-être, pour être expert sur Internet, n'a-t-on même pas besoin de connaître son sujet. C'est merveilleux. Toute une vague nouvelle d'affaires dépourvues de fonction, de compétences et de raison. Bienvenue dans le meilleur des mondes.

Je lui demande : « Quel genre de film aimerais-tu voir ?

– Ça m'est égal. Tu choisis. »

Je sors avec une autre fille qui veut devenir photographe.

« D'abord, j'ai besoin de matériel. »

Je lui dis que j'ai un copain qui essaie de vendre tout un chargement de matériel photo d'occasion.

« Pas ce genre de matériel. J'ai besoin d'un ordinateur. Pour aller sur le web.

– Tu veux acheter du matériel photo sur le web ? » Ça paraît raisonnable, mais mon copain vend pour presque rien. Je soupçonne une grande partie de sa marchandise de venir de chez un voisin peu méfiant.

« Non, m'explique-t-elle comme si j'étais lent à comprendre. Je veux vendre mes photos sur le web.

– Alors tu as déjà ton matériel photo.

– Pas encore. Mais il me faut d'abord un ordinateur. »

Qu'est-il arrivé aux gens pendant mon absence de quelques mois? Mon séjour en Alaska m'a-t-il privé du rayon de la mort qui a apparemment frappé les mécanismes de pensée rationnelle de tout le monde? Les photographes n'ont-ils pas besoin de matériel photo AVANT de pouvoir vendre des photos? Les gens qui sont payés pour donner des conseils ne doivent-ils pas savoir de quoi ils parlent? Non, plus maintenant. Internet a tout changé.

Bien décidé à ne pas être le dernier de ma rue à devenir millionnaire, je m'informe sur cette histoire d'Internet. Il s'agit à la base d'une ligne de téléphone qui envoie des images, et j'ai du mal à comprendre pourquoi ça va changer le destin de tous ceux qui s'en servent. Mais la conseillère m'explique que ces images peuvent montrer de la publicité, et que des entreprises sont prêtes à vous payer rien que pour figurer sur un site que les gens visiteront. Je me demande alors quel genre de site les gens vont visiter. La réponse évidente est: un site plein de femmes nues. Mais je découvre que ce créneau est déjà occupé. Par environ huit millions de personnes. La concurrence sauvage dans ce domaine soulève des questions quant à la folie de l'ordinateur dans son ensemble.

Qui sont ces femmes? Si vous additionnez tous les sites qui proposent des milliers de photos pornographiques, vous obtenez à peu près toute la population féminine des États-Unis. Est-ce ainsi qu'Internet transforme l'économie? En permettant à chacune de faire des extras comme star du porno? Il doit y avoir autre chose.

Pendant les quelques semaines suivantes, j'en apprends un peu sur Internet et je vois que ça n'est pas tellement différent du reste du monde du travail. Le bon gros argent d'Internet circule dans des circuits restreints, tout comme dans les transports routiers ou la banque. Pour commencer, les propriétaires des sites très visités sont des grandes entreprises qui sont payées très cher pour passer de la publicité, tout comme les chaînes de télé pour diffuser les pubs à l'occasion du Super Bowl. Internet fait donc gagner des tonnes de fric à de grandes entreprises pour qu'elles donnent aux gens l'occasion de faire leurs courses ou acheter des billets d'avion sans bouger de chez eux. La seule chose qui a changé la vie des gens ordinaires c'est qu'ils peuvent désormais commander des T-shirts et se les faire livrer par le facteur au lieu de passer quelques heures à essayer de trouver une place pour se garer au centre commercial.

Tout le monde pense que son avenir est plus ou moins lié à des lignes de téléphone qui envoient des images. La photographe est convaincue que c'est l'étape la plus importante pour lancer une agence de photos. La publicité pour Internet semble n'être que du bouche à oreille, incroyablement efficace. Chacun, quelle que soit son activité, doit être en ligne. Chaînes de restaurants, stations de lavage de voitures, dresseurs de chiens, cinémas, tous font leur publicité en ligne. Beaucoup pensent que c'est plus facile de démarrer un ordinateur, attendre cinq minutes et taper, plutôt que d'ouvrir un journal pour voir ce qui passe au cinéma du quartier. Je le sais, parce que j'y suis allé avec une de ces personnes-là. Y avait-il quelque chose que je n'avais pas pigé ?

Nous sommes en train de parler de l'industrie de l'informatique, celle-là même qui a connu un essor fabuleux dans les années quatre-vingt et a mis les binoclards du coin de la rue sur la couverture des grandes revues du pays comme s'ils étaient des héros ou des saints. L'industrie informatique a toujours joué l'altruisme, comme si son développement pouvait profiter à la société, comme si Bill Gates et Michael Dell étaient bénévoles dans une soupe populaire. Ce sont les modèles d'aujourd'hui, les esprits à la pointe du progrès, les tout nouveaux penseurs. Ceux-là qui ont failli perdre leur chemise à la fin du siècle dernier.

Je le reconnais, c'est bien de disposer de bases de données en ligne. Si j'avais besoin d'un rein, je serais content de pouvoir consulter immédiatement un site qui m'indique un donneur compatible. C'est bien de pouvoir trouver le numéro de téléphone d'anciennes petites amies au milieu de la nuit quand je suis soûl et nostalgique. C'est bien de pouvoir trouver une pièce détachée pour une bagnole qui fait rigoler la plupart des garagistes. Et le réseau porno mondialisé c'est sympa. Mais nous faire croire que notre vie en est transformée est un mensonge pur et simple. Regardez dehors. Les sans-abri sont toujours là.

Alors que l'industrie informatique aille se faire foutre. Mon argent de l'Alaska s'épuise et je retourne travailler.

J'en ai autant marre du travail que le voisin, mais j'ai encore assez de sens pratique pour reconnaître qu'il est nécessaire. Sans travail, où toute la nouvelle race de millionnaires dont on parle dans *Time* ferait-elle nettoyer ses costumes? Qui réparerait leurs voitures? Qui se déshabillerait devant eux quand ils laissent leur épouse trophée pour la soirée et vont faire une virée en ville? Nous, les travailleurs désunis de tous les pays.

Je prends le journal et je fouille dans les offres d'emploi.

Toujours les mêmes conneries. « POSSIBILITÉ DE CARRIÈRE !!! » hurle une annonce pour un travail dans un entrepôt à six dollars vingt-cinq de l'heure. De qui se moquent-ils? Possibilité, mon cul. Qui d'autre qu'un toxico voudrait d'une possibilité de ce genre? Pourquoi est-ce si difficile pour ceux qui rédigent ces annonces de présenter le travail sous une forme réaliste et compréhensible? Pourquoi y a-t-il toujours des annonces pour une AMBIANCE DE TRAVAIL STIMULANTE qui se révèle être une bande de gratte-papier à un poil de la démission ou du suicide.

Une des annonces dit: «PAS DE MARKETING MULTI-NIVEAU; PAS DE VENTE PAR DÉMARCHAGE TÉLÉPHONIQUE.» Un copain qui s'est présenté me dit qu'on vous colle à un bureau pour faire du démarchage téléphonique, sauf que vous ne vendez rien; vous préparez le terrain pour le vendeur. Génial. Les candidats vont être ravis quand ils se présenteront, rempliront un formulaire, seront engagés et découvriront que l'entreprise où ils viennent d'entrer a soigneusement rédigé son annonce pour profiter d'une imprécision verbale au lieu de leur donner un boulot dont ils pourraient vouloir. Ils abandonneront au bout d'une journée, une journée perdue qu'ils auraient pu consacrer à chercher quelque chose qui vaille la peine. L'entreprise y gagne-t-elle? Sans doute. Avec cette multiplication d'entreprises de marketing, nombre d'entre elles ont des effectifs dont on attend qu'ils ne durent que le temps de comprendre qu'ils ont été floués. Si les nouveaux travaillent une matinée au téléphone, c'est bon. Le lendemain il y aura une autre fournée. Et comme aucun ne revient chercher son chèque de dix-neuf dollars, l'entreprise dispose tous les matins d'une force de travail gratuite.

Quant à l'entrepôt, ceux qui travaillent là, où neuf employés les ont lâchés au cours des quatre derniers mois, croient-ils honnêtement offrir une formidable possibilité? Ils y travaillent, bon sang, ils savent qu'ils mentent. Qui ça passionne de travailler dans un entrepôt?

La qualité des candidats serait-elle vraiment différente si l'annonce disait: «Viré de votre dernier job pour vous être fait porter pâle trois fois en deux semaines avec la gueule de bois? Venez faire la même chose dans notre entrepôt – 6 dollars 25 de l'heure pour transporter des caisses lourdes toute la journée.» Je ne pense pas.

Je vois une annonce pour un poissonnier, mais je ne m'y arrête pas. Après mon expérience à Scarsdale, j'en ai eu assez de l'univers politique féroce du traitement du poisson, et après l'Alaska, j'ai eu mon soûl de produits de la mer en général. Il y a des annonces pour des déménageurs, des chauffeurs de camion et des directeurs de restaurant, toutes choses qui m'attirent parce que je n'aurai pas à tout apprendre du début. Mais en bas de la page il y a une annonce d'agence de travail temporaire. «ESSAYEZ QUELQUE CHOSE DE DIFFÉRENT», propose-t-elle.

C'est exactement ce que je cherche.

En ces temps de «prospérité» où le taux de chômage est bas, les agences de travail temporaire sont les plus gros employeurs du pays. Autrement dit, alors qu'on trouve davantage de travail, de moins en moins de gens bénéficient de l'assurance-maladie, des congés maladie et de la stabilité de l'emploi.

Manpower Inc., qui a pris la place de General Motors au cours de la dernière décennie comme plus gros employeur du pays, ne fait qu'indiquer aux gens où aller travailler. Cette énorme entreprise se contente de classer des papiers et de prélever un beau paquet de millions sur les salaires individuels. General Motors, au moins, fabrique des voitures.

Mais Manpower a le mérite de vous faire travailler. Je découvre qu'ils proposent des centaines d'emplois différents – du travail en entrepôt aux postes médicaux spécialisés, du camionneur à l'employé de bureau. J'ai eu ma dose de corvées physiques dernièrement, j'opte donc pour un travail de bureau. On me fait passer un test de dactylo, dont je me sors assez bien, je crois, puis on me demande lequel des deux emplois qui me conviennent je préférerais: remplir des enveloppes ou décharger des camions.

« En quoi consiste le remplissage des enveloppes? » Ça me paraît une activité fascinante, et nouvelle pour moi. Décharger des camions, c'est du déjà-vu.

« Vous remplissez des enveloppes.

– Dans un bureau?

– Oui.

– Avec une machine à café? » J'ai toujours rêvé de travailler à proximité d'une machine à café.

La fille soupire. « Je vais vous envoyer à l'hôtel. » Je ne dois pas être du type remplisseur d'enveloppes. Je reçois donc un papier et je suis envoyé au *Ramada Inn*, où quelqu'un installe une exposition de peinture et a besoin d'aide pour décharger son camion. Les gens qui appellent l'agence pour avoir de l'aide le font en général à la dernière minute, quand ils viennent d'apprendre que celui sur qui ils comptaient est malade. J'arrive, et je demande à voir la personne chargée de l'exposition. Le hasard fait qu'elle s'appelle Art.

Art est un joyeux bonhomme avec un début de calvitie qui décharge tout seul un camion de sept mètres depuis six heures du matin et qui est ravi de me voir. C'est toujours agréable. Et le travail n'est pas difficile. Les tableaux, qui sont des reproductions, sont assez légers et nous n'avons qu'à en transporter des centaines dans une immense salle et les « installer », ce qui veut dire les poser sur des tables de jeu pliantes. Il faut avoir fini à onze heures trente pour l'ouverture de l'exposition, et nous disposons d'à peu près deux heures pour terminer un travail d'une heure.

Art est affable, c'est facile de travailler avec lui, et pour la première fois depuis des années je prends réellement plaisir à mon job. Il aime ce qu'il fait, parcourir le pays dans un camion de location en vendant des reproductions dans des expositions comme celle-ci. C'est sa propre affaire, et elle marche bien depuis quelque temps. Il m'explique que, d'habitude, sa femme l'accompagne, mais qu'elle a été retenue à la dernière étape et il se débrouille sans elle pendant deux ou trois jours.

« Elle ne me fait pas confiance avec les dames, me dit-il avec un clin d'œil. C'est le moment de s'amuser. »

Je ris. Une blague innocente de la part d'un type marié depuis un bout de temps.

C'est du moins ce que je crois. L'agence envoie trois charmantes jeunes femmes pour aider à la vente, et au bout d'une heure Art les a toutes draguées. J'ai reçu une agrafeuse pour monter les cadres quand des clients le demandent, et je reste au fond en écoutant les filles parler de lui.

« Comme c'est triste que sa femme soit morte brutalement de cette façon », me dit l'une. Je hoche la tête avec compassion. Je le vois en grande conversation avec une jolie jeune femme venue regarder les tableaux. Elle rit avec coquetterie, écrit quelque chose sur un bout de papier et le lui donne, puis elle s'en va avec un bébé dans une poussette et trois tableaux, que je transporte dans sa voiture.

« Comme c'est triste, me dit-elle pendant que nous traversons le parking, les Forces spéciales qui se débarrassent de lui de cette façon.

– C'est ça, le gouvernement. »

Je passe la journée à monter des cadres, à bavarder avec les gens, à flâner dans l'hôtel. C'est ma journée de travail la plus facile depuis longtemps et, à huit heures du soir, Art vient me demander si je peux travailler demain.

«Je suis d'accord, si l'agence dit que oui.

– Je leur ai déjà demandé. C'est oui.

– Alors d'accord.

– J'ai décidé de rester un jour de plus. On n'aura pas besoin de tout recharger dans le camion. Vous pouvez prendre une chambre, si vous voulez, à mes frais.

– J'habite seulement à dix kilomètres.

– Vous économiserez l'essence.» Il rit. Je hausse les épaules. Nous bouclons tout, et en allant vers ma chambre je rencontre la femme à la poussette. Elle cherche Art. Elle s'est maquillée et porte une jolie jupe très parlante. Je lui dis où le trouver et je me retire dans ma chambre pour regarder le câble. J'ai travaillé douze heures, gagné près de cent dollars, et pas vraiment fait grand-chose. Je pourrais m'y habituer.

«Vous travaillez bien, me dit Art le lendemain pendant que je monte un cadre. J'ai besoin de quelqu'un comme vous à plein temps. Je cherche à me développer.

– Vous n'êtes pas sur la route?

– Il me faut un partenaire. Pour un investissement de deux mille dollars, vous pourriez avoir votre camion. On se partagerait les secteurs.»

Ça me semble un travail facile et agréable, mais les deux mille dollars me laissent sceptique.

«J'ai payé quatre mille dollars pour la franchise, explique-t-il. Vous en auriez la moitié. Je vais tout vous préparer. Vous savez combien j'ai gagné hier? Trois mille deux cents dollars! Vous récupérez votre investissement en une journée!

– Je vais y réfléchir.» Art s'en va bavarder avec deux étudiantes qui cherchent une reproduction pour leur chambre. Elles ne lui filent pas de numéro de téléphone, en revanche elles partent les bras chargés de reproductions. Personne ne sait dire non à cet homme.

Une des filles venues aider à la vente me dit: «Art vient de me proposer une association. Il pense que je fais vraiment du bon travail.

– Vraiment? Il vous a demandé deux mille dollars?

– Il m'a dit que je devrais faire un petit investissement. Nous allons déjeuner ensemble pour en discuter.»

Art arrive. «Janine et moi allons déjeuner.» Il me serre l'épaule et me regarde avec une expression de sincérité. «J'ai confiance en vous. Vous êtes le responsable jusqu'à mon retour.

– Entendu.» C'est plutôt calme. Juste quelques mères de famille qui se promènent et regardent les reproductions. Art s'éloigne avec Janine et lui prend tendrement la taille.

Une demi-heure plus tard, une blonde tourmentée en jean et T-shirt entre. «Art est là?»

Ce type n'est en ville que depuis ce matin et il a plus de femmes qui lui courent après que je n'en ai eues pendant des années.

«Il est allé déjeuner.

– Laissez-moi deviner. Avec une fille.»

Je comprends vite que j'ai affaire à sa femme. «Je n'ai pas vu. Il est sorti.

– C'est ça, ouais.»

Elle s'approche de la table, se présente, et ramasse tout l'argent qui se trouve dans le tiroir. «On ne peut pas faire confiance à ce salaud avec l'argent non plus», dit-elle et elle sort comme une furie.

Ce n'est donc pas le travail de mes rêves cette fois non plus. Au lieu de quelques heures faciles à vendre des tableaux avec un patron jovial, je me retrouve en plein soap opera. Art, qui est «allé déjeuner», n'est toujours pas de retour au bout de cinq heures. Sa femme ne revient pas non plus. Toute l'affaire d'Art est entre les mains d'un type qu'il connaît depuis le matin, envoyé par une agence de travail temporaire.

Vers dix-huit heures, alors que je me demande si je devrais fermer boutique et tout charger dans le camion, Art et Janine reviennent, un peu débraillés mais en se tenant par la main.

« Votre femme est passée. » Je me demande s'il a raconté tout l'après-midi à Janine comment sa femme s'est battue contre un cancer en phase terminale, ou le jour où il s'est fait encercler par les Viets en n'ayant qu'un canif et une boîte d'allumettes. Mais la nouvelle de cette visite ne semble pas surprendre Janine. C'est Art qui se met en colère.

« La garce a pris mon fric ?

– Oui.

– Elle est allée où ?

– Je ne sais pas. »

Art se précipite dehors en me laissant Janine pendant deux heures. Qu'est-ce que je fais avec tous ces tableaux ? Je n'ai pas les clés pour les charger dans le camion, et si je n'avais pas besoin qu'Art me signe mon relevé d'heures pour l'agence, je rentrerais chez moi tout de suite.

Janine m'explique qu'Art est un type formidable. Elle est sans doute convaincue qu'il a été le premier homme à marcher sur la Lune.

« Dites, je serai au bar si monsieur Formidable revient. À vingt et une heures trente, je rentre chez moi. » Je vais au bar de l'hôtel, je me commande une bière, et quelques minutes plus tard Janine me rejoint.

« Je sais ce que vous pensez », me dit-elle. Je pense que je risque de ne pas être payé parce que mon employeur a disparu sans signer mes papiers. « Les gens sont si ennuyeux en général. Je sais que c'est une crapule, mais il n'est pas ennuyeux. »

Super. Voilà un type qui nous aurait pris deux mille dollars à l'un ou à l'autre et se serait tiré sans un mot. C'est le genre d'individu que je vomis depuis des années, le beau parleur qui veut quelque chose de vous et le prend à la seconde où vous baissez votre garde. Ce sont ces gens-là dont nous devons nous protéger, ce mal rampant qui se nourrit de ce qui reste de nous après des années d'échec et de déception, et cette fille voit Art comme une distraction.

Elle me touche le genou. Je suis peut-être une distraction moi aussi. « Écoutez, dit-elle. Il est revenu. Il sait que vous êtes fâché. Mais il veut savoir si vous pouvez revenir nous aider à charger le camion. »

Je rigole et je commande une autre bière.

Le lendemain, on m'envoie aider un autre type qui a sa propre affaire. Cette fois-ci, il installe des câbles pour ordinateurs. Quand je me présente, à l'heure et sobre, il est prêt à m'engager et à me prendre comme partenaire.

Je commence à comprendre que c'est le leitmotiv de ceux qui ont leur propre affaire. Ils veulent tous des collaborateurs de confiance. Mais j'ai appris qu'il y a une bonne raison s'ils n'en ont pas. Dans le cas d'Art, c'est évident, c'est le mensonge pathologique. Chez Ken, je suis sûr de le découvrir bientôt.

Le premier jour de notre lune de miel se passe merveilleusement bien, comme il se doit. Je me rends d'un bureau à un autre et me mets à quatre pattes pour changer quelques interrupteurs. Puis tout ce que j'ai à faire c'est attendre à côté de l'interrupteur pendant que Ken va au tableau central et me demande par talkie-walkie quand il y a du jus. Sans assistant, il serait obligé d'aller et venir chaque fois qu'il fait un nouvel essai de connexion. Rien qu'en restant là et en ne faisant presque rien, je lui fais gagner un temps considérable. Il ne cesse de me le répéter, visiblement reconnaissant. Puis il m'emmène déjeuner.

« Laissez tomber le travail temporaire. Je paie à l'agence quatorze dollars de l'heure pour vous. Elle vous en donne huit. Je vous en donnerai dix et nous y gagnerons tous les deux.

– Hé, ça me paraît bien.

– Vous aimez voyager ?

– J'adore ça.

– On voyage beaucoup dans ce métier. »

Nous approchons dangereusement des bobards des petites annonces. Voyager peut signifier beaucoup de choses. Ça peut vouloir dire Rome et Paris, ou bien rester dans une fourgonnette sur la route pendant six heures pour aller dans un site de bureaux au nord de l'État. Je soupçonne qu'il s'agit de la seconde éventualité. Mais Ken a l'air d'un type direct et je lui dis qu'il n'a pas besoin de me faire l'article. Je suis d'accord. Je n'ai rien d'autre en ce moment, et ça pourrait me servir d'en apprendre un peu sur le câblage des ordinateurs.

Il est emballé et en retournant au camion il me tend un livret d'un millier de pages, la bible du câblage informatique. « Jetez-y un coup d'œil. »

C'est ce que je fais. Mille pages de schémas incompréhensibles de résistances, de condensateurs, de réseaux et d'interférences et des centaines d'autres termes que je n'essaie même pas de comprendre. C'est un manuel pour ingénieurs électriciens, pas pour un ancien étudiant en lettres qui a exprimé un certain intérêt pour ce nouveau domaine. J'ai besoin de quelque chose qui ressemble davantage à *5, rue Sésame.*

« Emportez ça chez vous, dit-il. Je ne m'attends pas à ce que vous compreniez tout en un jour. »

C'est un soulagement. Je glisse le livre entre les sièges. « Qu'est-ce qui est arrivé à votre dernier assistant ?

– J'en ai eu huit ou neuf ces cinq derniers mois. Ils démissionnent. Je ne comprends pas pourquoi.

– Mmmm.

– Quelquefois, le travail est vraiment difficile. On n'est pas tout le temps à quatre pattes dans un bureau. Dans les usines, il faut parfois mouiller sa chemise. Il y a des gars qui n'aiment pas ça. Qu'est-ce que vous en pensez, vous ?

– De mouiller ma chemise ? Ça n'est pas si terrible. J'y suis habitué.

– C'est un métier rude. Beaucoup de concurrence. Il faut foncer. Travailler dur. Il faut se tuer à survivre. »

Il n'a pas l'air de saisir l'oxymoron. J'acquiesce en silence. Après l'Alaska, je ne pense pas qu'il existe de travail où je ne puisse pas tenir le coup.

Il hoche la tête. « Un tas de gars que j'ai eus dernièrement ne sont que des mauviettes, j'imagine. »

Je travaille une semaine avec Ken et ça se passe plutôt bien. Je ne comprends toujours rien à cette saloperie d'électronique, mais je suis très bon pour l'essentiel : transporter le matériel dans tous les sens et me servir du talkie-walkie. Il décroche un contrat pour équiper une usine à une heure d'ici, nous partons tous les matins à six heures et nous revenons douze heures plus tard. J'apprends alors que Ken n'aime pas les week-ends.

« Je suis mon patron. J'ai ce contrat. Je dois finir à temps, sinon je perds de l'argent.

– Alors on travaille quatre-vingt-dix jours d'affilée ?

– Vous pouvez prendre une journée de temps en temps si vous voulez. »

Pour Ken une mauviette c'est quelqu'un qui veut prendre une journée de temps en temps. Je comprends, il se consacre à son travail. Je suis sûr qu'il se montrerait raisonnable si je me plaignais des horaires, je décide donc de m'abstenir de me plaindre jusqu'à ce que je sois vraiment fatigué. En attendant, les heures supplémentaires seront bonnes à prendre.

L'été est arrivé, et l'usine est un bâtiment en parpaing où l'air ne circule pas. Une partie du travail consiste à percer des trous dans le parpaing pour y faire passer des câbles. Au niveau du sol, aucune difficulté, mais les perçages se font le plus souvent à environ six mètres de hauteur, juste au-dessous du plafond, pour être ensuite cachés par un faux plafond à plaques. À cette hauteur, il fait chaud comme dans un four. Percer un parpaing tout en essayant de garder votre équilibre sur une échelle pendant que votre sueur dégouline et rend tout glissant, ça prend du temps.

Ken n'aime pas travailler lentement. « Combien de temps il faut pour percer un trou ? » me crie-t-il un jour du bas de l'échelle. Chaque fois que la perceuse attaque le parpaing, l'échelle commence à vibrer et je dois ralentir, sinon je fais une chute de six mètres. Je descends de l'échelle couvert de poussière de parpaing et j'explique ça à Ken.

Il me demande avec un dégoût évident : « Tu as peur de l'altitude ?

– Je la respecte. »

Il secoue la tête et s'éloigne. Un plâtrier qui travaille par là et qui a vu la scène vient me voir.

« C'est sacrément dangereux. Tu devrais te servir d'une plateforme. J'ai presque fini avec la mienne. Tu peux la prendre. »

Une heure plus tard, grâce à la plateforme, je suis enfin capable de garder l'équilibre tout en appuyant sur la perceuse et je perce les huit trous en quelques minutes. Je montre mon œuvre à Ken qui se contente d'un hochement de tête et dit: «Vite, nous sommes en retard. J'ai besoin que tu m'aides avec un basculeur là-haut.»

Ça continue jusqu'à la fin de la semaine. Quelle que soit la vitesse à laquelle nous travaillons, nous sommes toujours en retard. Le vendredi soir, j'ai fait soixante heures.

«Tu peux travailler demain? demande Ken.

– J'aimerais prendre une journée de repos.»

Il réfléchit. «OK. Dimanche, alors?»

Je pousse un soupir. «D'accord pour dimanche.

– Si tu travaillais demain, insiste-t-il, ça serait des heures supplémentaires. Dimanche c'est le premier jour de la nouvelle semaine.

– J'ai besoin de prendre une journée, Ken. Je commence à fatiguer.»

Il réfléchit encore. «D'accord, dimanche. J'ai un autre boulot d'une journée et je peux le faire demain.»

Ce type travaille dur, et je respecte ça, mais je suis presque tenté de lui dire de se calmer, qu'il est en train de se tuer. Je sais qu'il n'écouterait pas. Il est du genre à pouvoir posséder un jour une entreprise d'un million de dollars – motivé, ambitieux, agressif. Loin de moi l'idée de lui en vouloir. Mais moi, je ne compte pas être millionnaire dans un avenir proche. J'ai besoin d'une journée de repos.

Le dimanche matin à six heures, je me pointe et nous partons pour l'usine. Ken me demande de conduire parce que la veille, mon jour de repos, il a travaillé vingt heures d'affilée à son autre chantier qu'il devait terminer, alors il dort un peu. Quand nous dressons les échelles pour nous mettre au travail et passer les câbles à travers le toit, il a les yeux rouges et vitreux.

Il me crie: «Tire le câble!» Nous sommes dans des pièces différentes, à une dizaine de mètres l'un de l'autre, et je tiens un paquet de câbles.

« Lequel ?

– CELUI QUE JE VIENS DE TE PASSER ! » braille-t-il furieux. Tous les câbles se ressemblent, et je ne suis pas sûr de savoir lequel il vient de glisser. J'en tire un.

« MERDE ! Pas celui-là. Nom de Dieu ! » Puis j'entends un cri bref et le bruit d'une échelle qui s'effondre.

Je descends et je cours dans la pièce voisine, où Ken est étendu inconscient près de son échelle. Je crie son nom, j'essaie d'obtenir une réaction, rien à faire. Je cours à un téléphone et j'appelle une ambulance.

À l'hôpital, le médecin me dit que Ken a de la chance de ne pas être paralysé de la taille aux pieds et qu'il va devoir rester quelques jours. J'appelle sa mère, qui arrive en voiture au bout de trois heures, et je m'en vais charger tout le matériel dans le camion.

Ironie de l'histoire, cet homme qui travaille si dur pour être indépendant doit maintenant vivre avec sa mère. Telle est la grandeur d'avoir sa propre affaire. Se tuer à survivre.

Et c'est ainsi que se termine cette carrière.

UNE CATÉGORIE EN VOIE DE DISPARITION

Je décide de ne plus bouger.

Il n'existe pas de boulot de rêve. C'est pareil pour tout le monde. Vous devez faire quelque chose, sinon vous mourez de faim, et peu importe ce que vous faites. Au moins, il y a des offres d'emploi, des emplois qui vous garderont la tête hors de l'eau, qui vous donneront une longueur d'avance sur les huissiers.

Des gens me disent qu'ils ont trouvé le job de leurs rêves. Des types avec lesquels je me soûle me le disent quelquefois, les plus jeunes. Mais trois semaines plus tard, je les retrouve serveurs de bar. « Qu'est-ce qui s'est passé avec le super boulot ? » Ils haussent les épaules. « Ça n'a pas marché. »

J'en sais assez pour ne même plus prononcer les mots, afin de ne pas entendre ce genre de réponse. Si je trouve un boulot que je peux faire pendant une semaine, je m'estime heureux et je la boucle.

Suivez avec confiance la direction de vos rêves, a dit Thoreau. Par la suite, il a ajouté que la plupart des hommes mènent une vie de désespoir silencieux, signe que peu d'entre nous suivaient son conseil. Qu'il aille se faire foutre, il avait des rentes, lui. Qui d'autre qu'un homme riche pourrait se permettre de passer un été au bord d'un lac à méditer sur la vie ? Je prendrai la prochaine chose qui se présentera et je m'y tiendrai, parce que la recherche, l'espoir de quelque chose de mieux vous pompe davantage d'énergie que votre corvée elle-même.

Avant de consulter de nouveau le journal, je vais boire une bière avec le plâtrier qui m'a prêté la plate-forme. Toute son équipe est là. C'est vendredi, jour de paie pour nous tous, et nous dépensons notre argent comme s'il ne comptait pas. Il ne compte pas, c'est le mensonge que nous nous racontons pour la soirée. J'observe un type qui parie trois cents dollars sur un match de base-ball et se comporte comme si les résultats lui étaient indifférents. Nous buvons et nous bavardons pendant le jeu et le type est calme, assis à la table, le dos au grand écran de la télé. L'équipe sur laquelle il a parié se fait écraser par 10 à 1, la partie se termine dès le deuxième tour de batte.

«Eddie, dit l'un des gars en riant. Tu fais ça chaque putain de semaine.» Ça les excite de le voir se détruire, de le voir foutre son fric en l'air. Il faut toujours être supérieur à quelqu'un. Eddie a le regard perdu dans sa bière.

«Ça m'est égal», dit-il.

Je ne demande rien de spécial à mon nouveau job, sauf qu'on ne me raconte pas de salades. Je ne veux pas entendre que tous mes rêves vont se réaliser, que je peux devenir millionnaire en six semaines. Je préférerais entendre simplement que je vais travailler près d'une machine à café, ou que j'aurai des pauses payées.

«Licence de lettres?» dit l'homme en regardant mon CV d'un air perplexe. J'ai fait très fort cette fois, j'ai même imprimé un CV. *Curriculum vitæ,* le terme latin pour «ramassis de bobards», qui monte en épingle trois ou quatre de mes quarante-cinq derniers emplois et ignore les autres. Ceux que je mets en avant sont dans des entreprises où on a accepté de mentir pour moi, ou qui ont disparu, ou qui se trouvent en Alaska. Personne ne va téléphoner là-bas pour vérifier une référence, paraît-il. Ne me demandez pas pourquoi.

Je suis dans le bureau local du plus grand fabricant de bombes insecticides du pays, face à un gros homme ridé qui étudie mon CV. La petite pièce pue la cigarette et il y a de la cendre sur le carrelage bon marché. Derrière l'homme, la seule décoration sur le mur jaune fané est une petite plaque qui le déclare vendeur de l'année. Elle date d'il y a dix ans. Il allume une autre cigarette.

« Oui », dis-je. Je hoche la tête avec fierté, ou peut-être sans, en tout cas je hoche la tête.

« Je me rends compte que les littéraires ne réussissent pas dans ce domaine, me dit-il. Ils ont tendance à être trop analytiques. »

C'est magnifique. Mon diplôme n'est pas seulement inutile, il est à inscrire à mon passif. Une grande partie de ce travail est la vente, je ne suis pas seulement censé vaporiser, je dois aussi convaincre les propriétaires d'acheter de plus en plus de pesticides. Mon rôle est de me présenter pour leur offrir une ou deux vaporisations gratuites, puis de « découvrir » chez eux des centaines de problèmes que de nouveaux pesticides résoudraient. Je viens d'apprendre qu'on peut devenir riche ici. Une vidéo de présentation avant l'entretien m'a montré que le meilleur vendeur de l'année dernière a gagné plus de cent mille dollars.

Ma licence de lettres est un problème manifeste pour cet homme. Il fait carrément la grimace. Avec ma solide expérience de baratineur je pourrais lui raconter tout ce qu'il a envie d'entendre, que j'arriverais à convaincre jusqu'au plus pauvre des foyers de dépenser des milliers de dollars pour recouvrir sa maison de poison, que je pourrais être un employé loyal de l'entreprise. Mais je me tiens tranquille. Je sais qu'il a raison. Je n'aurais jamais dû venir. Je n'aurais jamais dû mettre ce costume et regarder la vidéo avec les autres. Engagez un de ceux-là. Voilà ce que je devrais lui dire.

Mais il continue. «La première année, nous ne fournissons pas de voiture de fonction, et il faut faire beaucoup de route. Avez-vous une voiture sûre?»

Ma voiture est à moitié morte. J'ai de la chance qu'elle m'ait amené jusqu'à cet entretien. «Bien entendu», dis-je. Il ne veut pas de moi, je ne veux pas de lui, mais aucun de nous deux ne veut le reconnaître. L'entretien était terminé à la seconde où il a pris mon CV, à la seconde où j'ai vu son petit corps bedonnant au visage fané, abîmé par des années de cigarette et de vaporisation de poison assis derrière son bureau déglingué dans cette pièce défraîchie, récompense de vingt ans de bons et loyaux services. L'endroit me fait penser à une cellule de garde à vue. Mais nous faisons traîner les choses. Il me pose encore quelques questions. J'y réponds. Le téléphone sonne, et il parle un moment pendant que je regarde autour de moi. Un jour peut-être, tout ça sera à moi. Puis il me décrit le travail pendant quelques minutes de plus.

«Merci d'être venu, dit-il enfin sur le ton de la pitié.

– Merci beaucoup.

– Je vous appellerai.

– J'attendrai à côté du téléphone.»

Je me trouve dans le bureau d'une entreprise qui recrute du personnel pour installer des guichets automatiques dans des banques. La liste des conditions à remplir fait presque une page. Il faut avoir un permis de conduire sans tache, un compte bancaire créditeur, un casier judiciaire vierge, une urine pure. Je n'ai rien de tout ça, mais je me dis qu'aucun de ceux qui répondent à une annonce pour un boulot à neuf dollars de l'heure ne les a non plus. On me donne un formulaire à remplir, il est si long et pose tellement de questions personnelles que je ne peux pas imaginer que quelqu'un lise les réponses. Je sais que la plupart des entreprises qui ont des prétentions d'exigence sont moins tatillonnes que les autres. Elles espèrent que les prétentions seules décourageront la canaille de se présenter.

Mais celle-ci pourrait être différente. Si je manipule des centaines de milliers de dollars, quelqu'un fait peut-être une véritable vérification de mon passé. Je regarde ceux qui m'entourent et ne vois que des visages frais et clairs, des gens au parcours irréprochable et au cœur pur, impatients de gagner l'argent de leur survie. Je n'ai pas ma place ici. Je ne suis pas assez pur. Je m'en vais avec mon formulaire de trois pages que je n'ai pas fini de remplir et je le jette dans la poubelle en sortant.

Big John, le patron de l'entreprise de déménagement, m'aime bien. Il veut que je commence aujourd'hui, tout de suite. C'est le cas de la plupart des entreprises de ce genre. Son impatience me rend circonspect. Lui aussi a fait des études de lettres et il veut que nous parlions de Shakespeare. N'ai-je pas admiré *Comme il vous plaira*? J'acquiesce avec enthousiasme. Je ne suis pas certain de me rappeler quelle pièce c'est. Aucune importance, je suis sûr que lui non plus. Nous pourrons peut-être aborder les finesses du *Paradis perdu* de Milton tout en nous bagarrant pour descendre un canapé dans l'escalier.

Big John envisage pour moi un poste de responsabilité. « Nous pourrions vous confier la direction d'une équipe. Pour le moment, je n'ai que deux camions, mais j'ai l'intention de développer le réseau. J'ai besoin de quelqu'un de confiance.» J'incline poliment la tête. Pourquoi pas? Il a l'air d'un type gentil, carré, honnête, et il travaille sûrement dur. On ne fait pas ce métier si on ne travaille pas dur. Sa vision optimiste de mon avenir dans son entreprise est flatteuse et elle me change de mes derniers entretiens.

«J'ai une équipe au travail à l'autre bout de la ville, me dit-il. Ils auraient bien besoin d'un coup de main.» Je ne suis pas en costume, j'ai abandonné ça, mais même un pantalon et une chemise corrects sont loin d'être la tenue pour un déménagement. Je ne m'attendais pas à travailler une demi-heure après être entré dans le bureau.

Je mens. «En fait, j'ai des courses à faire cet après-midi.» Mes soupçons se confirment. Il me flatte parce qu'il a besoin d'aide aujourd'hui, tout de suite. Il a deux bras dans son bureau qui *pourraient* vouloir travailler pour lui et il ne va pas me lâcher sans se battre. Je croyais que c'était moi qui cherchais quelque chose, et la situation s'est retournée contre moi. Il me regarde d'un air suppliant.

«J'ai deux gars qui travaillent quatorze heures. J'ai vraiment besoin de votre aide.

– Je vais essayer d'expédier les courses en vitesse, lui dis-je de guerre lasse. Et je dois aller me changer.»

On dira ce qu'on voudra, déménager des canapés en plein été en Caroline du Nord, ça n'a rien à voir avec du baratin. Personne ne me demande de sourire et de dire «Passez une bonne journée». Un déménagement n'est jamais une bonne journée. Quand le travail est terminé, on éprouve une certaine satisfaction et les clients sont en général reconnaissants.

Je découvre bientôt que le poste de responsabilité dont j'ai tellement entendu parler pendant l'entretien est bien loin. «Dans quelques années, j'achèterai un autre camion», me dit Big John un après-midi où nous sommes assis, dégoulinants de sueur, dans l'escalier d'un client. Alors maintenant c'est pour dans des années. Pendant l'entretien, j'aurais pourtant juré que j'allais avoir une promotion le lendemain grâce au pouvoir magique de ma licence de lettres. Et puis il y a une douzaine de types qui travaillent dans cette entreprise, et aucune raison que je sois le premier sur la liste pour un poste de chef d'équipe. Il a son homme, je suis ici depuis quelques semaines et je perds de ma valeur chaque jour. Déménager est un sport d'été; la moitié des gens qui déménagent le font entre juin et septembre, or septembre approche sournoisement. Big John pourra bientôt laisser partir la moitié d'entre nous. La question n'est donc pas qui va obtenir le poste de chef d'équipe, qui d'ailleurs n'existe pas, mais qui va toucher le chômage.

Je sais que s'il m'a dit ça, c'est uniquement parce que descendre ensemble un meuble horriblement lourd sur trois étages crée des liens. Je ne lui en veux pas. Je ne pense pas pouvoir caser deux ans de cette vie dans mon avenir. Ce n'est pas l'épreuve physique qui m'épuise, c'est l'ennui du toujours pareil. Un canapé. Une bibliothèque. Une armoire. Un autre canapé. Et encore et encore. Il n'y a là aucune compétence que je n'aie acquise dès ma deuxième semaine.

«Ouais, répète-t-il. Ce sera bien, un deuxième camion. Avec une autorisation inter-États on pourra même faire du longue distance. Il faudra que tu aies un permis poids lourd.

«Oui, ça me paraît bien.» J'ai déjà entendu ça quelque part.

«Ouais.» Son regard devie nt mélancolique sous le soleil éclatant tandis qu'il boit une gorgée d'eau en imaginant sa flotte de camions des «Déménagements

Big John» arrivant sur un immense terrain clôturé. «Vous aurez tous le permis poids lourd.» Il se hâte d'ajouter: «Dans le courant de l'année prochaine.»

Le courant de l'année prochaine. C'est trop loin. Outre qu'il me ferme les portes des ventes et de beaucoup d'autres professions, mon diplôme universitaire m'a rendu impatient quant aux rares emplois que je peux obtenir. J'en ai retiré le sentiment d'avoir un droit. Ça devient difficile de trimballer le bazar des autres en attendant une promotion dont, soit dit en passant, je ne veux pas vraiment.

Je suis incasable pour la moitié du monde, et l'autre moitié ne m'intéresse pas. Ils auraient dû nous en dire quelques mots le jour de la remise des diplômes au lieu de nous raconter que nous étions l'avenir du monde, la lumière blablabla. En réalité je n'ai pas assisté à la remise des diplômes parce que je savais depuis l'année précédente que je m'étais fait baiser et parce que je n'avais pas envie d'échanger du bon argent contre de la monnaie de singe en louant une toge deux cents dollars ni de me griller le cul au soleil tandis que je pouvais me prélasser au bord d'une piscine. Le fait est qu'à la fin de ma troisième année, quand des chasseurs de têtes étaient venus recruter, je n'avais pas vu une seule annonce portant la mention «licence de lettres exigée».

Il y a de nombreuses façons de voir la chose. Ça ne va pas si mal. Je vis dans le pays le plus riche du monde; même être fauché ici vaut mieux que d'appartenir à la classe moyenne du Pérou ou de l'Angola. Je pourrais être un paysan sénégalais. C'est ça, c'est cette phrase qu'on devrait vous dire en vous remettant une licence de lettres le jour de la cérémonie ou un petit chèque pour avoir mis toute votre énergie dans un boulot sans intérêt qui ne donne aucune satisfaction dans une grande entreprise sans visage. « Voilà pour vous. Félicitations. Vous savez, vous pourriez être un paysan sénégalais. »

Ce n'est pas une question d'argent. Le véritable problème c'est que nous sommes tous considérés comme quantité négligeable. Un humain en vaut un autre. La loyauté et l'effort ne sont pas récompensés. Tout tourne autour des résultats financiers, un terme aussi détestable pour tout travailleur que « licenciement » ou « retraite forcée ». D'accord, nous avons fait des progrès depuis l'édification du barrage Hoover ou depuis que les ouvriers mouraient en construisant les voies ferrées, mais l'attitude des entreprises vis-à-vis de ceux qui accomplissent le travail est restée la même. Et le balancier revient dans l'autre sens. Ceux qui font les promesses sont si loin de tout qu'ils ne voient même plus que leurs promesses ne signifient rien. Des actions de votre entreprise au bout de cinq ans ? Super, merci. Mais nous savons tous les deux que, statistiquement, dans cinq ans je serai parti depuis longtemps.

Je regarde des matchs de foot et je vois se succéder des pubs pour des plans de retraite et des portefeuilles d'investissement, puis je regarde les autres clients du bar. À qui sont destinées ces pubs ? À personne d'ici. Pour ces types, un investissement à long terme c'est le foot du prochain lundi soir. Autrefois, on faisait des pubs pour des bières et des chips. Je fais partie d'une catégorie démographique qui n'est pas dans le champ du radar.

Je pourrais écrire un bouquin sur cette merde. Un million d'autres pourraient aussi.

Je me munis des petites annonces du dimanche, d'une tasse de café, et je m'assois à côté du téléphone.

CET OUVRAGE A ÉTÉ ACHEVÉ D'IMPRIMER
SUR ROTO-PAGE
PAR L'IMPRIMERIE FLOCH À MAYENNE
EN JUIN 2007

N° d'édition : 348. N° d'impression : 68570.
Dépôt légal : juin 2007.
(Imprimé en France)